꿀잼 한국어

クルジェム
韓国語

木内明

国書刊行会
국서간행회

この本はゼロから韓国語学習をはじめる人のためのものです。

韓国人と友達になりたい。韓国の音楽やドラマを韓国語で理解したい。韓国語を教えている学習者からそんな相談を受けることは少なくありません。韓国語の魅力や楽しさについては、著者自身もたびたび実感することです。韓国人も、K-POPも、そして韓国ドラマも、韓国語で見たり聞いたりしてはじめて触れられる魅力があふれています。その楽しさをもっと知るために、韓国語を学んでみてはいかがでしょうか。自分の好きな世界を韓国語で理解しようとする過程自体もまた楽しく、また、本来の魅力に触れる可能性だってはるかに大きいはずです。

韓国語は日本語と文の構造も似ていますし、同じような単語もたくさんあります。そして何より、言葉の背景にある韓国の文化が日本の文化ととても近いのです。日本人にとって、もっとも学びやすい言葉であることは間違いないでしょう。この本では、そんな韓国語を楽しく効率よく学べるように、日常生活で実際に使えそうな言葉や、ドラマや歌詞に出てきそうなセリフを選び、さらに、それらを最大限に生かす音声教材をプロの声優さんの協力を得て実現させました。

皆様がそれぞれの関心のある世界で、少しでも韓国オリジナルの魅力に近づくお役に立てることができるのであれば、著者としてそれに勝る喜びはありません。

2020年3月

著者

目次

はじめに

この本の使い方

| UNIT 0-1 | あいさつ　いつだってアンニョンハセヨ | 12 |
| UNIT 0-2 | 文字のしくみ　ハングルは子音と母音 | 15 |

UNIT 1	基本の母音　基本の母音は10個	16
UNIT 2	基本の子音　基本の子音は9個	18
UNIT 3	激音　息と一緒に強く発音	20
UNIT 4	濃音　つまらせて発音	22
UNIT 5	その他の母音　いくつかの母音字が合体	24
UNIT 6	＋αの音　パッチム	26
UNIT 7	発音のルール　スペルと音が変わる	30
UNIT 8	日本語のハングル表記　日本語をハングルで書く	34
UNIT 9	〜です　名詞＋입니다	38
UNIT 10	〜は　名詞＋는	40
UNIT 11	〜ですか　名詞＋입니까?	42

UNIT 12	～が　名詞＋가	44
UNIT 13	～ではありません　名詞＋가 아닙니다	46
UNIT 14	います／あります　있습니다	48
UNIT 15	いません／ありません　없습니다	50
UNIT 16	これ、それ、あれ　이것　그것　저것	52
UNIT 17	します　합니다	54
UNIT 18	やわらかい「～です」　예요/이에요	56
UNIT 19	やわらかい「います／いません」　있어요/없어요	58
UNIT 20	やわらかい「します」　해요	60
UNIT 21	数字とお金　数字	64
UNIT 22	いくつ　몇	66
UNIT 23	動詞・形容詞の「～です／～ます」①　語幹(パッチムなし)＋ㅂ니다	70
UNIT 24	動詞・形容詞の「～です／～ます」②　語幹(パッチムあり)＋습니다	72
UNIT 25	～歳です　固有の数詞	74
UNIT 26	時刻　固有数詞＋시(時)　数字＋분(分)	76
UNIT 27	動詞・形容詞のやわらかい「～です／～ます」①　아/어形 ＋요	78
UNIT 28	動詞・形容詞のやわらかい「～です／～ます」②　아/어形 ＋요	80

UNIT 29　〜しません／〜ではありません①　안＋動詞・形容詞　82

UNIT 30　〜しません／〜ではありません②　語幹＋지 않다　84

UNIT 31　〜できません　못＋動詞　86

UNIT 32　〜しました／〜でした①　했어요／했습니다　88

UNIT 33　〜しました／〜でした②　아/어形 ＋ ㅆ어요／ㅆ습니다　90

UNIT 34　〜しませんでした　지 않았어요／않았습니다　92

UNIT 35　〜されます　세요／십니다　96

UNIT 36　特別な敬語　敬語として使う単語　98

UNIT 37　〜されました　語幹＋셨어요／셨습니다　100

UNIT 38　〜できます　語幹＋ㄹ 수 있다　102

UNIT 39　〜たら、〜れば　語幹＋면　104

UNIT 40　〜すればいい　語幹＋면 되다　106

UNIT 41　〜けれど、〜なのに　語幹＋지만　108

UNIT 42　〜して、〜くて　語幹＋고　110

UNIT 43　〜している　語幹＋고 있다　112

UNIT 44　〜したい　語幹＋고 싶다　114

UNIT 45　〜しよう　語幹＋자　116

UNIT 46	〜しないでください　語幹＋지 마세요	118
UNIT 47	〜じゃないですか　語幹＋잖아요	120
UNIT 48	変則活用の動詞・形容詞①　ㄹ語幹	124
UNIT 49	変則活用の動詞・形容詞②　ㅎ変則	126
UNIT 50	変則活用の動詞・形容詞③　ㅂ変則	128
UNIT 51	変則活用の動詞・形容詞④　으語幹	130
UNIT 52	変則活用の動詞・形容詞⑤　르変則	132
UNIT 53	変則活用の動詞・形容詞⑥　ㄷ変則	134
UNIT 54	〜して、〜なので　아/어形＋서	136
UNIT 55	〜してもいい　아/어形＋도 되다	138
UNIT 56	〜しなければならない　아/어形＋야 되다	140
UNIT 57	〜してみる　아/어形＋보다	142
UNIT 58	〜するでしょう　語幹＋ㄹ 거예요	144
UNIT 59	連体形①　語幹＋ㄴ／은	146
UNIT 60	連体形②　語幹＋는	148

覚えておきたいフレーズ 29　　語幹をマスター！ 68
もっと単語を覚えよう！ 家族・仲間 36 ／ ファッション 62 ／ コンサート・音楽 94 ／ ビューティー 122
助詞を覚えよう！ 150

この本の使い方

本の構成

この本では、UNIT0からUNIT8では、あいさつの言葉やハングルの文字など、韓国語の基礎を学び、UNIT9からUNIT60で、基礎から中級までの文法や表現を無理なく段階的に学ぶように構成しました。

UNIT9からの各UNITの構成は次のようになっています。

꿀잼포인트

クルジェムポイント

そのUNITで学ぶ表現や文法を紹介します。次に 첫걸음 （最初の一歩）でやさしくてよく使う例文を2つ載せています。

포인트해설

ポイント解説

そのUNITで学ぶ表現や文法の使い方などについて説明しています。

한 걸음 더

もう一歩

クルジェムポイントを応用、発展させながら、あわせて関連する表現を効率よく学習できるようにしました。기억하자 （覚えよう）には練習問題に出ている単語を中心にいろいろな単語を載せました。

연습 문제

練習問題

そのUNITで学んだ表現について、問題で確認しながら、発音と一緒にマスターするようになっています。

와! 들리네!

わあ、聞こえる

UNITで学んだ表現が、ドラマやステージ、SNSなどでどのように使われているか、実際の使用例を参考に作られた文です。自然に近いスピードやイントネーションでのリスニングに挑戦します。

ここに注意

●「単語」では、漢字からなる単語には【 】に漢字を入れました。

例 祝います－축하해요【祝賀해요】

●助詞（「～は」「～が」など）は、入れないほうが自然なときには抜いてあります。その場合は、基本的には日本語にも助詞を入れていません。

●文章につけた読みがな（ルビ）は、できるかぎり実際の発音に近いものを入れました。文字が小さくなっている「ル・プ・ム・ク」はパッチムの発音を表しています。パッチムの発音についてはUNIT6・7を確認してください。

●UNIT38からは **꿀잼포인트** には原形のみを入れています。

マークがついている箇所は、音声があります。

韓国で録音した、いきいきとした楽しい音声で学習することができます。それぞれの表現がどのような口調、スピード、イントネーションで話されているかが伝わるように、できるだけ自然な音声を収録しています。言葉によってはステージや会見などで使われる表現もあり、それぞれのシチュエーションにあうニュアンスの話し方の収録を心がけました。

音声は、国書刊行会のホームページからストリーミング、ダウンロードできるようにしました。パソコンやスマートフォンから、次のURLにアクセスしてください。

https://www.kokusho.co.jp/sound/9784336066060/

ファイルの形式はMP3形式です。

꿀잼 한국어

クルジェム韓国語

覚えておきたいフレーズ ⋯⋯ 29

語幹をマスター ⋯⋯ 68

もっと単語を覚えよう！
家族・仲間 ⋯⋯ 36
ファッション ⋯⋯ 62
コンサート・音楽 ⋯⋯ 94
ビューティー ⋯⋯ 122

助詞を覚えよう！ ⋯⋯ 150

꿀잼포인트

いつだって アンニョンハセヨ

🔊 0-1

あいさつ ❶

| ネ
네
はい | ア ニョ
아뇨
いいえ |

「はい」は<ruby>ネ</ruby>네、「いいえ」は<ruby>アニョ</ruby>아뇨です。目上の人に対してていねいに「はい」と言うときは、ゆっくり<ruby>イェ</ruby>예と言います。

あいさつ ❷

| アン ニョン ハ セ ヨ
안녕하세요?
こんにちは | アン ニョン ハ シム ニ ッカ
안녕하십니까?
こんにちは |

「おはようございます」も「こんにちは」も「こんばんは」も、あいさつはすべてアンニョンハセヨ안녕하세요?と言います。「お元気でいらっしゃいますか」という意味です。また、アンニョンハシムニッカ안녕하십니까?という言い方もあります。こちらは、かたいニュアンスがあり、ビジネスの場やフォーマルなスピーチなどでよく使われます。

あいさつ ❸

| アン ニョン ヒ ガ セ ヨ
안녕히 가세요.
さようなら | アン ニョン ヒ ゲ セ ヨ
안녕히 계세요.
さようなら |

「さようなら」には2つの言い方があります。去る人に対して送る言葉がアンニョンヒ ガセヨ안녕히 가세요.(ご無事で行ってください)で、去る人がその場にとどまる人に対して言う言葉がアンニョンヒ ゲセヨ안녕히 계세요.(ご無事でいらしてください)です。2人ともその場を去るようなときは、それぞれがアンニョンヒ ガセヨ안녕히 가세요.と言います。

<カム サ ハム ニ ダ>
감사합니다.
ありがとう

<ア ニ エ ヨ>
아니에요.
いいえ

<コ マ ウォ ヨ>
고마워요.
ありがとう

<チョン マ ネ ヨ>
천만에요.
どういたしまして

「ありがとう」というお礼の言葉は、カムサハムニダ감사합니다.やコマプスムニダ고맙습니다.が一般的です。他に、よりやわらかくコマウォヨ고마워요.と言うこともあります。どれもていねいな表現ですが、とても親しい友達同士のような間柄では、より打ち解けたコマウォ고마워.とだけ言ったりもします。言われたほうはアニエヨ아니에요.などと返すことがよくありますが、ていねいに「どういたしまして」と言う場合は、チョンマネヨ천만에요.と言います。

<ミ ア ネ ヨ>
미안해요.
ごめんなさい

<クェンチャ ナ ヨ>
괜찮아요.
大丈夫ですよ

<チェ ソン ハム ニ ダ>
죄송합니다.
申し訳ありません

<クェンチャンスム ニ ダ>
괜찮습니다.
大丈夫ですよ

「ごめんなさい」と謝る言葉はミアネヨ미안해요.です。ミアナムニダ미안합니다.と言うと、少しフォーマルな感じがします。大きな迷惑をかけてしまったときなどはチェソンハムニダ죄송합니다.と言えば「申し訳ありません」のような、とてもていねいな謝罪になります。「大丈夫です」という意味のケンチャナヨ괜찮아요.もケンチャンスムニダ괜찮습니다.と言えばフォーマルな感じになります。

マンナソ パンガウォヨ
만나서 반가워요.
お会いできてうれしいです。

マンナソ パンガプスムニダ
만나서 반갑습니다.
お会いできてうれしいです。

日本語では、あいさつのときに「よろしくお願いします」と言うことがよくありますが、韓国語ではマンナソ パンガウォヨ만나서 반가워요.(お会いできてうれしいです)という言葉で、気持ちを表します。マンナソ パンガプスムニダ만나서 반갑습니다. と言うと、少しかたい表現になります。

チョウム ペプケッスムニダ
처음 뵙겠습니다.
はじめまして。

イルボネソ ワッスムニダ
일본에서 왔습니다.
日本から来ました。

「はじめまして」はチョウム ペプケッスムニダ처음 뵙겠습니다.と言います。直訳すると「初めてお目にかかります」という意味です。また、あいさつ言葉ではありませんが、「日本から来ました」という意味のイルボネソ ワッスムニダ일본에서 왔습니다.もあわせて覚えておきましょう。

オレガンマニムニダ
오래간만입니다.
お久しぶりです。

オットケ チネショッソヨ
어떻게 지내셨어요?
いかがお過ごしでしたか。

「お久しぶりです」はオレガンマニムニダ오래간만입니다.と言います。会わなかった間の相手の様子をうかがうには、「どのように過ごされましたか」という意味のオットケ チネショッソヨ어떻게 지내셨어요?という言葉がよく使われます。

韓国語にはㅂ니다やㅂ니까?で終わる文と、요で終わる文があります。どちらも「〜です/〜ます」という意味の礼儀正しい表現ですが、言葉のニュアンスには少し違いがあります。ㅂ니다やㅂ니까?で終わる文はややかたく、仕事やフォーマルな場面でよく使われますが、요で終わる文はやわらかく、日常生活で親しみを込めて広く使われます。たとえば、公式なあいさつやスピーチ、テレビのニュースなどでは一般的にㅂ니다、ㅂ니까?で終わる文が使われます。

꿀잼포인트

ハングルは子音と母音

ハングルの文字は子音と母音が組み合わさってできています。母音の音を表す部分を母音字、子音の音を表す部分を子音字と言います。組み合わせには上下に組み合わさるパターンと左右に組み合わさるパターンがあります。

これで1文字

나

Nの音の子音字	Aの音の母音字

左右パターン

NとAの2つの音が合わさりNA、つまり「ナ」という音の文字になります。나は「僕／わたし」という意味の単語です。

これで1文字

Sの音の子音字

Oの音の母音字

소

上下パターン

SとOの2つの音が合わさりSO、つまり「ソ」という音の文字になります。소は「牛」という意味の言葉でもあります。

꿀잼포인트

基本の母音は10個

ハングルには10の基本の母音字があります。その母音字を子音字と組み合わせて文字を作ります。母音字は子音字の右か下に来ます。

子音の右に来る母音字
子音字の右に来る4つの母音は口を縦に大きく開けて発音します。

아　日本語の「ア」とほぼ同じ音です。口をはっきり開け「ア」と発音します。

（口の形は同じ）

야　日本語の「ヤ」とほぼ同じ音です。口をはっきり開け「ヤ」と発音します。

어　「ア」の音を出すように口を大きく開き「オ」と発音します。

（口の形は同じ）

여　「ヤ」の音を出すように口を大きく開き「ヨ」と発音します。

子音の下に来る母音字
子音字の下に来る4つの母音は、唇を突き出すように丸めて発音します。

오　日本語の「オ」とほぼ同じ音ですが、唇を突き出すように丸めて「オ」と発音します。

（口の形は同じ）

요　日本語の「ヨ」とほぼ同じ音ですが、唇を突き出すように丸めて「ヨ」と発音します。

우　日本語の「ウ」とほぼ同じ音ですが、唇を突き出すように丸めて「ウ」と発音します。

（口の形は同じ）

유　日本語の「ユ」とほぼ同じ音ですが、唇を突き出すように丸めて「ユ」と発音します。

次の2つは発音に注意

으　「イ」と発音するように口を横に引いて、「ウ」と発音します。

（口の形は同じ）

이　日本語の「イ」とほぼ同じ音です。口を横にはっきり引いて「イ」と発音します。

音声を聞いて発音しましょう。 🔊)) 1-1

아 야 어 여 오 요 우 유 으 이

左側の文字を、発音しながら書いてみましょう。

口を大きく開ける	아	아			
	야	야			
	어	어			
	여	여			
唇を丸く突き出す	오	오			
	요	요			
	우	우			
	유	유			
口を横に引く	으	으			
	이	이			

1. 次の名前をハングルで書いてみましょう。

❶ あや (　　　　)　❷ ゆい (　　　　)

❸ やよい (　　　　)　❹ あおい (　　　　)

2. 音声を聞きながら書きましょう。 1-2

❶ 子供 아이 (　　　　)　❷ 狐 여우 (　　　　)

❸ 理由 이유 (　　　　)　❹ 牛乳 우유 (　　　　)

❺ 歯 이 (　　　　)　❻ きゅうり 오이 (　　　　)

[答え]

1. ❶아야 ❷유이 ❸야요이 ❹아오이

꿀잼포인트

基本の子音は9個

ㄱ 「カ行」に近い発音ですが、単語の中ではにごって「ガ行」になります。

ㄴ 「ナ行」に近い発音です。

ㄷ 「タ行」に近い発音ですが、単語の中ではにごって「ダ行」になります。

ㄹ 「ラ行」に近い発音です。

ㅁ 「マ行」に近い発音です。

ㅂ 「パ行」に近い発音ですが、単語の中ではにごって「バ行」になります。

ㅅ 「サ行」に近い発音です。

ㅇ 発音しませんが、単語の最後では「ン」に近い音になります。

ㅈ 「チャ行」に近い発音ですが、単語の中ではにごって「ヂャ行」になります。

音声を聞いて発音しましょう。 ◀)) 2-1

가 나 다 라 마 바 사 아 자

音がにごる場合 ◀)) 2-2

ㄱ、ㄷ、ㅂ、ㅈの音は、単語の最初にあるときはにごりませんが、中に入ってしまうと自然ににごります。

コ　キ　　　　コギ
고 + 기 ➡ 고기【肉】

プ　プ　　　　プブ
부 + 부 ➡ 부부【夫婦】

チャ　チュ　　　　チャヂュ
자 + 주 ➡ 자주【しょっちゅう】

タ　ト　　　　タド
다 + 도 ➡ 다도【茶道】

書いて練習しましょう。

	ㅏ	ㅑ	ㅓ	ㅕ	ㅗ	ㅛ	ㅜ	ㅠ	ㅡ	ㅣ
ㄱ										
ㄴ										
ㄷ										
ㄹ										
ㅁ										
ㅂ										
ㅅ										
ㅇ										
ㅈ										

1. 音声を聞きながら書きましょう。 🔊 2-3

① 私 저 （　　　　）　　② 僕 나 （　　　　）

③ 君 너 （　　　　）　　④ 雨 비 （　　　　）

2. 音声を聞きながら書きましょう。 🔊 2-4

① 姉 누나 （　　　　）　② お父さん 아버지 （　　　　）

③ お母さん 어머니 （　　　　）④ 私たち 우리 （　　　　）

⑤ 女、女性 여자 （　　　　）⑥ どこ 어디 （　　　　）

⑦ 豆腐 두부 （　　　　）⑧ ドラマ 드라마 （　　　　）

꿀잼포인트

息と一緒に強く発音

激音 基本の子音字にもう一本線を足したような形の音を激音と言います。激音は5つあり、強く息を吐きながら発音します。

ㅊ 息を強く吐きながら「ㅈ」を発音します。

ㅋ 息を強く吐きながら「ㄱ」を発音します。

ㅌ 息を強く吐きながら「ㄷ」を発音します。

ㅍ 息を強く吐きながら「ㅂ」を発音します。

ㅎ 「ハ行」に近い発音です。

音声を聞いて発音しましょう。 🔊 3-1

차　카　타　파　하

書いて練習しましょう。

	ㅏ	ㅑ	ㅓ	ㅕ	ㅗ	ㅛ	ㅜ	ㅠ	ㅡ	ㅣ
ㅊ										
ㅋ										
ㅌ										
ㅍ										
ㅎ										

1. 音声を聞きながら書きましょう。 🔊 3-2

❶ 茶 차　（　　　　）　　❷ 身長 키　（　　　　）

❸ 切符 표　（　　　　）　　❹ 舌 혀　（　　　　）

2. 音声を聞きながら書きましょう。 🔊 3-3

❶ コーヒー 커피　（　　　）　❷ スカート 치마　（　　　）

❸ とうがらし 고추　（　　　）　❹ ピザ 피자　（　　　）

❺ ノート 노트　（　　　）　❻ ブドウ 포도　（　　　）

❼ マンション 아파트（　　　）　❽ スポーツ 스포츠（　　　）

つまらせて発音

- -

濃音　基本の子音字を2つ続けた形をしている音を濃音と言います。濃音は5つあり、息をもらさないように音をつまらせて発音します。

ㄲ	「まっか」の「っか」のようにつまった後の「ㄱ」の音です。
ㄸ	「やった」の「った」のようにつまった後の「ㄷ」の音です。
ㅃ	「かっぱ」の「っぱ」のようにつまった後の「ㅂ」の音です。
ㅆ	「あっさり」の「っさ」のようにつまった後の「ㅅ」の音です
ㅉ	「まっちゃ」の「っちゃ」のようにつまった後の「ㅈ」の音です。

音声を聞いて発音しましょう。 🔊 4-1

까　따　빠　싸　짜

書いて練習しましょう。

	ㅏ	ㅑ	ㅓ	ㅕ	ㅗ	ㅛ	ㅜ	ㅠ	ㅡ	ㅣ
ㄲ										
ㄸ										
ㅃ										
ㅆ										
ㅉ										

1. 音声を聞きながら書きましょう。 🔊 4-2

❶ ～さん 씨 　　　　（　　　） ❷ 再び 또 （　　　）

❸ しょっぱいです 짜요 （　　　） ❹ 骨 뼈 （　　　）

---

2. 音声を聞きながら書きましょう。 🔊 4-3

❶ お兄さん 오빠 （　　） ❷ キス 뽀뽀 （　　）

❸ にせもの 가짜 （　　） ❹ パパ 아빠 （　　）

❺ さっき 아까 （　　） ❻ 象 코끼리 （　　）

❼ 後で 이따가 （　　） ❽ おじさん 아저씨 （　　）

いくつかの母音字が合体

いくつかの母音字が組み合わさった母音字も11あります。

애（ㅏ＋ㅣ）
日本語の「エ」より少し口を大きく開きます。

에（ㅓ＋ㅣ）
日本語の「エ」とほぼ同じ発音です。ㅐに比べ口は小さく開きます。

どちらも同じ「エ」で大丈夫です。

얘（ㅑ＋ㅣ）
口を大きく開いて「イェ」と言います。

예（ㅕ＋ㅣ）
日本語の「イェ」とほぼ同じ発音です。

どちらも同じ「イェ」で大丈夫です。

와（ㅗ＋ㅏ）
日本語の「ワ」とほぼ同じ発音です。

외（ㅗ＋ㅣ）
口をやや突き出して「ウェ」と発音します。

웨（ㅜ＋ㅓ＋ㅣ）
日本語の「ウェ」とほぼ同じ発音です。

この3つはどれも同じ「ウェ」と発音して大丈夫です。

왜（ㅗ＋ㅏ＋ㅣ）
口をしっかり開いて「ウェ」と言います。

워（ㅜ＋ㅓ）
日本語の「ウォ」とほぼ同じ発音です。

위（ㅜ＋ㅣ）
口をやや突き出して「ウィ」と発音します。

의（ㅡ＋ㅣ）
口を横に引いたまま「ウィ」と発音します。

音声を聞いて発音しましょう。 🔊) 5-1

애 애 에 예 와 왜 외 워 웨 위 의

🔊 5-2

의 의は言葉の最初にあるときは「ウイ」と発音しますが、それ以外では一般的に「イ」と発音されます。また、「〜の」という意味の助詞のときは「エ」という音になります。

【言葉の最初】 <ruby>의<rt>ウイ</rt></ruby><ruby>사<rt>サ</rt></ruby>(医師) 【それ以外】 <ruby>예<rt>イェ</rt></ruby><ruby>의<rt>イ</rt></ruby>(礼儀) 【〜の】 <ruby>누나<rt>ヌナ</rt></ruby><ruby>의<rt>エ</rt></ruby> <ruby>치마<rt>チマ</rt></ruby>(姉のスカート)

ㅖ ㅖは子音字がㅇのときは、「イェ」と発音しますが、それ以外の子音字につくと「エ」の音になります。また、「〜です」という意味の예요のときは「エ」と発音します。

【子音がㅇ】 <ruby>예<rt>イェ</rt></ruby><ruby>의<rt>イ</rt></ruby>(礼儀) 【ㅇ以外】 <ruby>계<rt>ケ</rt></ruby><ruby>기<rt>ギ</rt></ruby>(計器) 【〜です】 <ruby>커피<rt>コピ</rt></ruby><ruby>예<rt>エ</rt></ruby><ruby>요<rt>ヨ</rt></ruby>(コーヒーです)

1. 音声を聞きながら書きましょう。 🔊 5-3

① 犬 개 （　　　　　） ② 鳥 새 （　　　　　）

③ 梨 배 （　　　　　） ④ 耳 귀 （　　　　　）

⑤ 何 뭐 （　　　　　） ⑥ 上 위 （　　　　　）

---

2. 音声を聞きながら書きましょう。 🔊 5-4

① 俳優 배우 （　　　　　） ② 鍋料理 찌개 （　　　　　）

③ 時計 시계 （　　　　　） ④ 野菜 야채 （　　　　　）

⑤ 歌 노래 （　　　　　） ⑥ 会社 회사 （　　　　　）

⑦ 菓子 과자 （　　　　　） ⑧ 椅子 의자 （　　　　　）

---

3. 音声を聞きながら書きましょう。 🔊 5-5

① はい 네 （　　　　　） ② なぜですか 왜요? （　　　　　）

③ ください 주세요 （　　　　　） ④ いいえ 아니에요 （　　　　　）

UNIT 6
+αの音

パッチム

文字の下の部分にある子音字をパッチムと言います。

子音H　ㅎ　母音A

パッチムN　ㄴ

H+A+Nでハンと読みます。「韓」という漢字のハングルです。
下にパッチムがついて한(HAN)となったときは、「ハ」「ン」と2音に分けて読まず、「ハン」とひと息で読みます。

子音K
母音U
パッチムK

K+U+Kでククと読みます。「国」という漢字のハングルです。
下にパッチムがついて국(KUK)となったときは、「ク」「ク」と2音に分けて読まずに、「クヮ」とひと息で読みます。
上の2つの文字を続けて한국とならべると、「韓国」のハングルになります。

パッチムの形はいろいろありますが、音は7種類しかありません。2つの子音字からできている文字の場合も、どちらか1つだけ発音します。

発音	パッチムの形	発音	パッチムの形
ㄱ(k)	ㄱ ㅋ ㄲ ㄳ ㄺ	ㄴ(n)	ㄴ ㄵ ㄶ
ㄷ(t)	ㄷ ㅌ ㅅ ㅆ ㅈ ㅊ ㅎ	ㄹ(l)	ㄹ ㄼ ㄽ ㄾ ㅀ
ㅁ(m)	ㅁ ㄻ	ㅂ(p)	ㅂ ㅍ ㅄ ㄿ
ㅇ(ng)	ㅇ		

パッチムの音

音として残るパッチム 🔊 6-1

ㅁ	しっかり口を閉じてMを発音します。「さんま」と言うときの「ん」の音です。「mu」ではなく、母音のない「m」の音です。	**ㄴ**	舌先を上の歯の内側につけて発音します。「みんな」と言うときの「ん」の音です。
김(海苔) kim		산(山) san	
ㅇ	「たんご」と言うときの「ん」の音です。下の奥でのどをふさぎ、口をあけたまま息を鼻から抜きます。	**ㄹ**	上あごに舌先をつけて、「ル」に近い英語の「l」のような音を出します。母音をつけてruと発音しないように気をつけてください。
방(部屋) pang		물(水) mul	

音にならないパッチム 🔊 6-2

ㄱ	「がっこう」と言おうとして「がっ」でとめたときの「っ」の音です。発音したときに、舌の奥でのどをふさぐような感じになります。	**ㄷ**	「やった」と言おうとして「やっ」でとめたときの「っ」の音です。発音したときに、息を止めるような感じになります。
약(薬) yak		곧(すぐに) kot	
ㅂ	「はっぱ」と言おうとして「はっ」でとめたときの「っ」の音です。発音したときに、息をとめるような感じになります。		
밥(ご飯) pap			

---

1. 音声を聞きながら書きましょう。 🔊 6-3

① ㅁ音　夜 밤　　（　　　）　② ㄴ音　目 눈　（　　　　　）

③ ㅇ音　兄 형　　（　　　）　④ ㄹ音　お酒 술 （　　　　　）

⑤ ㄱ音　スープ 국 （　　　）　⑥ ㄷ音　味 맛　（　　　　　）

⑦ ㅂ音　家 집　　（　　　）

---

2. 音声を聞きながら書きましょう。 🔊 6-4

① 塩 소금　　　　（　　　　　）　② 砂糖 설탕　　　　（　　　）

③ 学生 학생　　　（　　　　　）　④ 魚 생선　　　　　（　　　）

⑤ 人 사람　　　　（　　　　　）　⑥ ボールペン 볼펜 （　　　）

⑦ のり巻き 김밥 （　　　　　）　⑧ メガネ 안경　　　（　　　）

3. 26ページの表を見て、パッチムの2つの子音字のうち、どちらを読むか選んでその子音字を書きましょう。

① 鶏 닭　　　（　　　） 　　② 値段 값　　　（　　　）

③ 土 흙　　　（　　　） 　　④ 人生 삶　　　（　　　）

⑤ やっつ 여덟　（　　　） 　　⑥ ない 없다　　（　　　）

---

4. 音声を聞きながら書きましょう。 🔊 6-5

① タッカルビ 닭갈비　（　　　　　　）

② 8時 여덟 시　　　（　　　　　　）

---

5. 音声を聞いて、日本語の料理名とハングルを線で結びましょう。

🔊 6-6

① 비빔밥　●　　　　　　● 冷麺

② 떡볶이　●　　　　　　● サムギョプサル

③ 김치찌개　●　　　　　● ビビンバ

④ 삼겹살　●　　　　　　● キムチチゲ

⑤ 냉면　●　　　　　　　● サムゲタン

⑥ 삼계탕　●　　　　　　● トッポッキ

[答え]

3.　❶ㄱ　❷ㅂ　❸ㄱ　❹ㅁ　❺ㄹ　❻ㅂ

5.　❶ビビンバ　❷トッポッキ　❸キムチチゲ　❹サムギョプサル　❺冷麺　❻サムゲタン

覚えておきたいフレーズ

어서 오세요.	いらっしゃいませ。
또 만나요.	また会いましょう。
또 봐요.	また会いましょう。
또 뵙겠습니다.	またお目にかかります。
여기요.	すみません。（食堂やお店で店員さんに声をかけるとき）
저기요.	すみません。（知らない人に声をかけるとき）
잠깐만요.	少々お待ちください。
알겠습니다.	承知しました。
알았습니다.	わかりました。
그렇습니다.	そうです。（フォーマル）
그래요.	そうです。（やわらかい響き）
모릅니다.	知りません。（フォーマル）
몰라요.	知りません。（やわらかい響き）
모르겠습니다.	わかりません。（フォーマル）
모르겠어요.	わかりません。（やわらかい響き）
맞습니다.	そうです。／同意します。（フォーマル）
반갑습니다.	（会えて）うれしいです。（フォーマル）
반가워요.	（会えて）うれしいです。（やわらかい響き）
축하합니다.	おめでとうございます。（フォーマル）
축하해요.	おめでとうございます。（やわらかい響き）
실례합니다.	失礼します。
어떠세요?	いかがですか。
어떻습니까?	どうですか。
잘 부탁합니다.	よろしくお願いします。

꿀잼포인트

スペルと音が変わる

ハングルは文字と発音が異なることがあります。ここではそのような音の変化のルールを紹介します。

ルール❶ 音がにごる1 🔊 7-1

ㄱ、ㄷ、ㅂ、ㅈは、言葉の最初に来たときは、それぞれk、t、p、chに近い音で発音されますが、母音にはさまれたり、前にパッチムㄴ、ㅁ、ㄹ、ㅇがあると、それぞれg、d、b、jとにごって発音されることが多くなります。

지 지 ➡ 지 지 （支持）
<small>チ チ / チ ヂ</small>

찌 개 ➡ 찌 개 （鍋料理）
<small>チ ケ / チ ゲ</small>

두 부 ➡ 두 부 （豆腐）
<small>トゥ ブ / トゥ ブ</small>

ルール❷ 音がにごる2 🔊 7-2

ㄱ、ㄷ、ㅂ、ㅈは、直前にパッチムㄴ、ㅁ、ㄹ、ㅇがあっても、にごって発音されます。

갈 비 ➡ 갈 비 （カルビ）
<small>カル ピ / カル ビ</small>

일 본 ➡ 일 본 （日本）
<small>イル ポン / イル ボン</small>

한 국 ➡ 한 국 （韓国）
<small>ハン クク / ハン グク</small>

ルール❸ 音がつながる ◀)) 7-3

パッチムのすぐ後に○が来ると、パッチムの音が○に移ります。またパッチムが2つの文字ででできている場合は、2つとも発音されます。

タン オ
단어 (単語) ➡ タ ノ **단어** (実際の発音) 다녀

ハン イル
한일 (韓日) ➡ ハ ニル **한일** (実際の発音) 하닐

プル アン
불안 (不安) ➡ プ ラン **불안** (実際の発音) 부란

ヨン エ
연애 (恋愛) ➡ ヨ ネ **연애** (実際の発音) 여내

チョムウン イ
젊은이 (若者) ➡ チョル ム ニ **젊은이** (実際の発音) 절므니

ルール❹ つまる音になる ◀)) 7-4

ㄱ、ㄷ、ㅂ、ㅅ、ㅈは、ㄱ、ㄷ、ㅁの音のパッチムの直後に来ると基本的につまる音になります。

シク タン
식당 (食堂) ➡ シクッタン **식당** (実際の発音) 식땅

スク パク
숙박 (宿泊) ➡ スクッパク **숙박** (実際の発音) 숙빡

チャプ チ
잡지 (雑誌) ➡ チャプッチ **잡지** (実際の発音) 잡찌

チャク コク
작곡 (作曲) ➡ チャクッコク **작곡** (実際の発音) 작꼭

ㄱ音、ㄷ音、ㅂ音のパッチムの後に ㅎ が続くと、それぞれ ㅋ、ㅌ、ㅍ で発音されます。

イプ ハク
입학 （入学）　➡　**입학** （実際の発音）입락

ペク ファ ヂョム
백화점 （デパート）　➡　**백화점** （実際の発音）백콰점

クプ ヘン
급행 （急行）　➡　**급행** （実際の発音）그팽

モッ ヘ ヨ
못 해요 （できません）　➡　**못 해요** （実際の発音）모 태요

ㅎ音のパッチムに ㄱ、ㄷ、ㅈ が続くと、それぞれ激音の ㅋ、ㅌ、ㅊ で発音されます。

チョッ タ
좋다 （いい）　➡　**좋다** （実際の発音）조타

パッチム ㄴ、ㄹ、ㅁ、ㅇ に ㅎ が続くと、ㅎ はほとんど発音されません。

ウン ヘン
은행 （銀行）　➡　**은행** （実際の発音）으냉

ミ アン ヘ ヨ
미안해요 （ごめんなさい）　➡　**미안해요** （実際の発音）미아내요

パッチムとそのすぐ後に続く子音がㄹとㄴ、またはㄴとㄹとなると、どちらもㄹという音になります。

ヨン ラゥ
연락 （連絡）　➡　**연락** ヨル ラゥ （実際の発音）열락

シル ネ
실내 （室内）　➡　**실내** シル レ （実際の発音）실래

ㄱ音、ㄷ音、ㅂ音のパッチムに子音ㄴ、ㅁが続くと、それぞれㅇ、ㄴ、ㅁと発音します。

パゥ ムル クァン
박물관 （博物館）　➡　**박물관** パン ムル グァン （実際の発音）방물관

クゥ ネ
국내 （国内）　➡　**국내** クン ネ （実際の発音）궁내

ハプ ニ ダ
합니다 （します）　➡　**합니다** ハム ニ ダ （実際の発音）함니다

ㄱ音、ㄷ音、ㅂ音、ㅁ音、ㅇ音のパッチムに子音ㄹが続くと、ㄹはㄴの音に、ㄱ音、ㄷ音、ㅂ音のパッチムは、それぞれㅇ、ㄴ、ㅁと発音します。

シム リ
심리 （心理）　➡　**심리** シム ニ （実際の発音）심니

チョン ロ
종로 （鍾路）　➡　**종로** チョン ノ （実際の発音）종노

33

꿀잼포인트

日本語を
ハングルで書く

日本語はハングルで次のように書きます。

아 あ	가/카 か	사 さ	다/타 た	나 な	하 は	마 ま	야 や	라 ら	와 わ
이 い	기/키 き	시 し	지/치 ち	니 に	히 ひ	미 み		리 り	
우 う	구/쿠 く	스 す	쓰 つ	누 ぬ	후 ふ	무 む	유 ゆ	루 る	
에 え	게/케 け	세 せ	데/테 て	네 ね	헤 へ	메 め		레 れ	
오 お	고/코 こ	소 そ	도/토 と	노 の	호 ほ	모 も	요 よ	로 ろ	오 を

「か行」は基本的にㄱで書きますが、言葉の最初の文字はㅋを使います。同じように「タ行」もㅌで書きますが、言葉の最初の文字はㄷを使います。

가 が	자 ざ	다 だ	바 ば	파 ぱ	갸/캬 きゃ	샤 しゃ	자/차 ちゃ	냐 にゃ	햐 ひゃ	먀 みゃ	랴 りゃ	퍄 ぴゃ
기 ぎ	지 じ	지 ぢ	비 び	피 ぴ								
구 ぐ	즈 ず	즈 づ	부 ぶ	푸 ぷ	규/큐 きゅ	슈 しゅ	주/추 ちゅ	뉴 にゅ	휴 ひゅ	뮤 みゅ	류 りゅ	퓨 ぴゅ
게 げ	제 ぜ	데 で	베 べ	페 ぺ								
고 ご	조 ぞ	도 ど	보 ぼ	포 ぽ	교/쿄 きょ	쇼 しょ	조/초 ちょ	뇨 にょ	효 ひょ	묘 みょ	료 りょ	표 ぴょ

つまる「っ」は、パッチムのㅅになります。 「ん」はパッチムのㄴになります。

さっぽろ ➡ 삿포로 せんだい ➡ 센다이

伸ばす音は表記しません。

とうきょう ➡ 도쿄 おおさか ➡ 오사카

1. 次の日本語のハングルを選んで書きましょう。

❶ 京都 （　　　　　　　　）　　❷ 福岡 （　　　　　　　　　）

❸ 群馬 （　　　　　　　　）　　❹ 愛知 （　　　　　　　　　）

❺ 兵庫 （　　　　　　　　）　　❻ 北海道 （　　　　　　　　）

　　홋카이도　　군마　　아이치　　효고　　후쿠오카　　교토

2. 次の名前をハングルで書きましょう。

❶ 高橋 （　　　　　　　　）　　❷ 伊藤 （　　　　　　　　）

❸ 鈴木 （　　　　　　　　）　　❹ 遠藤 （　　　　　　　　）

❺ 渡辺 （　　　　　　　　）　　❻ 吉田 （　　　　　　　　）

3. 自分の名前をハングルで書きましょう。

姓　　　　　　　　　　　　　**名**

［答え］
1.　❶교토　❷후쿠오카　❸군마　❹아이치　❺효고　❻홋카이도
2.　❶다카하시　❷이토　❸스즈키　❹엔도　❺와타나베　❻요시다

35

祖父 할아버지	祖母 할머니
母 어머니	父 아버지
夫 남편	息子 아들
娘 딸	私 저
妹 여동생	弟 남동생

（自分が）女性

兄 오빠	姉 언니

（自分が）男性

兄 형	姉 누나
孫 손자	いとこ 사촌
甥・姪 조카	妻 아내

先輩　선배	後輩　후배
友達　친구	恋人　애인
彼氏　남자친구	彼女　여자친구
若い女性　아가씨	おじさん　아저씨
おばさん　아줌마	

「私」という言葉は「저」がいちばん使われますが、「나」もよく使います。どちらも男女問わず使います。「저」は「わたし」「わたくし」ととてもていねいなニュアンスがあるのに対して、「나」は、「僕」のようなややカジュアルなニュアンスがあり、とても親しい間柄で使われます。

오빠(兄)、언니(姉)、형(兄)、누나(姉)は、本当の家族でなくても、親しい年上の知り合いを呼ぶときにも使います。特に、あこがれの有名人に対して、親しみを込めて使われます。

꿀잼포인트

名詞＋입니다
イムニダ

첫걸음 ◀)) 9-1

일본 사람**입니다**.　日本人です。
イルボン サ ラ ミム ニ ダ

학생**입니다**.　学生です。
ハク セン イム ニ ダ

포인트해설　基本の文「〜です」

「〜です」は、名詞に입니다をつけます。「日本人です」なら일본 사람（日本人）の後に입니다をつけて、일본 사람입니다.（日本人です）となります。文の終わりには「.」を置きます。

한걸음더

입の直後に니があるので、입のパッチムㅂの発音がㅁとなり（UNIT7ルール⑨）、実際の発音は임니다です。イ・ム・ニ・ダと四音ではなく、三音でイム・ニ・ダと発音します。また、입니다の○は直前のパッチムの音になります。

내 티켓입니다.　私のチケットです。
ネ ティ ケ シム ニ ダ

📝 기억하자

● チケット－**티켓**［ticket］ ● ファン－**팬**［fan］　　● プレゼント、おみやげ－**선물**［膳物］

● 私の－**내** ● インスタグラム－**인스타그램, 인별, 인스타**［Instagram］ ● 韓国人－**한국 사람**［韓国 사람］

● 会社員－**회사원**［会社員］ ● 友達－**친구**［親旧］　● 秘密－**비밀**［秘密］ ● 職業－**직업**［職業］

● 看護師－**간호사**［看護師］ ● 主婦－**주부**［主婦］

1. 韓国語を書いて文章を完成させましょう。

❶ ファンです。　　　　팬(　　　　　　).

❷ プレゼントです。　　선물(　　　　　　).

❸ 私のインスタです。　내 인별(　　　　　　).

---

2. 音声を聞いて (　　　) に言葉を入れましょう。🔊 9-2

❶ 한국 사람(　　　　　　).　　　韓国人です。

❷ (　　　　　)입니다.　　　会社員です。

❸ 내 (　　　　)입니다.　　　私の友達です。

📢 와! 들리네! 🔊 9-3

비밀입니다. 秘密です。

UNIT 10
～は

名詞＋는
ヌン

첫걸음 🔊 **10-1**

チョ ヌン ユ カ リ イム ニ ダ
저는 유카리입니다.　私はゆかりです。

ハン グ ダン チョ ウ ミム ニ ダ
한국은 처음입니다.　韓国は初めてです。

포인트해설 ## 助詞「～は」

「私は」「名前は」の助詞「～は」は는と言います。意味や語順も日本語の「～は」とほぼ変わりません。

나는 올팬입니다.　私はオルペン（全メンバー推し）です。

한걸음더

直前の文字にパッチムがある場合は은になります。そのときは、ㅇが直前のパッチムの音になります。

チ グ ムン
지금은 여름방학입니다.　今は夏休みです。

📝 기 억 하 자

- ● オルペン（全メンバー推し）- 올팬 [all fan]
- ● ファンクラブ - 팬클럽 [fan club]
- ● 休日 - 휴일 [休日]
- ● 私の - 제
- ● 趣味 - 취미 [趣味]
- ● 会員 - 회원 [会員]
- ● 誕生日 - 생일 [生日]
- ● 旅行 - 여행 [旅行]
- ● 今日 - 오늘
- ● 妹 - 여동생 [女同生]

1．韓国語を書いて文章を完成させましょう。

❶　私は学生です。　　　나(　　) 학생입니다.

❷　私は日本人です。　　저(　　) 일본 사람입니다.

❸　私たちは友達です。　우리(　　) 친구입니다.

2．音声を聞いて (　　　　) に言葉を入れましょう。🔊 10-2

❶　취미(　　) 여행(　　　　　　). 趣味は旅行です。

❷　저(　　) 팬클럽 (　　　　　　)입니다.
　　私はファンクラブの会員です。

❸　오늘(　　) 휴일입니다. 今日は休日です。

))) 🎧 와! 들리네! 🔊 10-3

오늘은 제 생일입니다. 今日は私の誕生日です。

꿀잼포인트

名詞＋<ruby>입니까<rt>イム ニ ッカ</rt></ruby>?

첫걸음　🔊) 11-1

<ruby>한국 사람<rt>ハン グッ サ ラ ミム ニ ッカ</rt></ruby>입니까?　韓国人ですか。

<ruby>팬싸는 처음<rt>ペン ッサ ヌン チョ ウ ミム ニ ッカ</rt></ruby>입니까?
ファンサイン会は初めてですか。

포인트해설　疑問文の基礎「〜ですか」

　「〜ですか」は、名詞に입니까?をつけます。「韓国人ですか」と言うときは、한국 사람（韓国人）に입니까?をつけて、한국 사람입니까?（韓国人ですか）となります。

　　　　내일은 화요일입니까?　明日は火曜日ですか。

疑問文に対する答えとして、「はい」は네、「いいえ」は아뇨と言います（UNIT 0−1）。目上の人などに、ていねいに言うときは、「はい」は예、「いいえ」は아니요と言ったりもします。

　　　　아뇨, 수요일입니다.　いいえ、水曜日です。

📝 기 억 하 자

- ファンサイン会 – 팬싸, 팬 사인회 [fan sign会]　● 恋人 – 애인 [愛人]　● 外国 – 외국 [外国]
- 出身 – 고향 [故郷]　● 誰、誰の – 누구　● 日曜日 – 일요일 [日曜日]　● 月曜日 – 월요일 [月曜日]
- 火曜日 – 화요일 [火曜日]　● 水曜日 – 수요일 [水曜日]　● 木曜日 – 목요일 [木曜日]　● 金曜日 – 금요일 [金曜日]
- 土曜日 – 토요일 [土曜日]　● 日本料理 – 일식 [日食]

연습 문제

1. 韓国語を書いて文章を完成させましょう。

① 韓国人ですか。　　　한국 사람(　　　　　　)?

② 学生ですか。　　　　학생(　　　　　)?

③ 恋人ですか。　　　　애인(　　　　　)?

---

2. 音声を聞いて (　　　　) に言葉を入れましょう。 🔊 11-2

① 외국(　　) 처음(　　　　　　)?　外国は初めてですか。

② 고향(　　) 서울(　　　　　　)?　出身はソウルですか。

③ 오늘(　　) 일요일(　　　　　　)?　今日は日曜日ですか。

》))) 👂　와! 들리네!　🔊 11-3

누구 팬입니까?　誰のファンですか。

[答え]

1. ❶한국 사람(입니까)?　❷학생(입니까)?　❸애인(입니까)?
2. ❶외국(은) 처음(입니까)?　❷고향(은) 서울(입니까)?
❸오늘(은) 일요일(입니까)?

꿀잼포인트

名詞＋가^ガ

첫걸음　🔊 12-1

ハン グン　ノ レガ　チェ ゴ イム ニ ダ
한국 노래가 최고입니다.
韓国の歌が最高です。

ア イ ドル　グ ル ビ　イン キ イム ニ ダ
아이돌 그룹이 인기입니다.
アイドルグループが人気です。

포인트해설　## 助詞「〜が」

「私が」や「電車が」と言うときの「〜が」は가です。直前の文字にパッチムがある場合は이になります。その場合、○は直前のパッチムの音になります。

오늘이 백 일째입니다.　今日が100日目です。

한 걸음 더

「私が」と言うときは저가ではなく、저が제となって제가と言うのが決まりです。同じように나（僕／わたし）も내となり내가と言います。

제가 아버지입니다.　私が父です。

내가 리더입니다.　僕がリーダーです。

📝 기 억 하 자

- **100日目**－백 일째【百日째】
- **ゲーム**－게임【game】
- **カルビタン**－갈비탕【갈비湯】

- リーダー － 리더【leader】
- ここ－**여기**
- 歌詞－가사【歌詞】

- **ボーカル**－보컬【vocal】
- 教師－교사【教師】
- 食べ物－음식【飲食】

- **気分**－기분【気分】

1. 韓国語を書いて文章を完成させましょう。

① サムゲタンが人気です。

삼계탕(　　) 인기(　　　　　　　).

② 旅行が趣味ですか。　여행(　　) 취미(　　　　　　)?

③ 私がボーカルです。　(　　)가 보컬입니다.

---

2. 音声を聞いて (　　　　　) に言葉を入れましょう。🔊 12-2

① 게임(　　) 취미(　　　　　　)? ゲームが趣味ですか。

② 여기(　　) 명동(　　　　　). ここがミョンドンです。

③ 어머니(　　) 교사(　　　　　　). 母が教師です。

))) 👂 와! 들리네! 🔊 12-3

기분이 최고입니다. 気分が最高です。

꿀잼포인트

名詞＋가 아닙니다

ガ　アニムニダ

첫걸음　🔊 13-1

내 여자친구가 아닙니다.
ネ　ヨ ヂャチング ガ　ア ニ ム ニ ダ

僕の彼女ではありません。

일본 사람이 아닙니까?
イル ボン　サ ラ ミ　ア ニ ム ニ ッカ

日本人ではありませんか。

포인트해설　「～ではありません」と否定

　「～ではありません」は、名詞に가 아닙니다をつけます。名詞の最後にパッチムがある場合は가が이 になります。「～ではありませんか」と疑問文の場合は、後ろの部分が아닙니까?となります。

내 남자 친구는 보통이 아닙니다.　私の彼氏は普通ではありません。

韓国語で「普通ではない」と言うと、「スゴイ人」という意味になります。

「日本人ではありませんか」とたずねられた場合、日本人であれば、一般的に「いいえ、日本人です」と答えますし、日本人でなければ、「はい、日本人ではありません」となります。

아뇨, 일본 사람입니다.　いいえ、日本人です。

📝 기 억 하 자

- 普通 – 보통【普通】
- 両替所 – 환전소【換錢所】
- タイプ – 스타일【style】
- うそ – 거짓말
- 免税店 – 면세점【免税店】
- 事実 – 사실【事実】
- 冗談 – 농담【弄談】
- 案内所 – 안내소【案内所】
- チケット売り場 – 매표소【売票所】
- いたずら – 장난

연습 문제

1. 韓国語を書いて文章を完成させましょう。

① 両替所ではありませんか。

　환전소(　　) (　　　　　　　　　)?

② 私のタイプではありません。

　내 스타일(　　) (　　　　　　　).

③ うそではありません。

　거짓말(　　) (　　　　　　　).

---

2. 音声を聞いて(　　　　)に言葉を入れましょう。 🔊 13-2

① 애인(　　) (　　　　　　　　). 恋人ではありません。

② 면세점(　　) (　　　　　　　)?
　免税店ではありませんか。

③ 사실(　　) (　　　　　　　). 事実ではありません。

))) 👂 **와! 들리네!** 🔊 13-3

농담이 아닙니다. 冗談ではありません。

[答え]

1. ❶환전소(가) (아닙니까)? ❷내 스타일(이) (아닙니다).
　　　　　　　　　　　　　　❸거짓말(이) (아닙니다).

2. ❶애인(이) (아닙니다). ❷면세점(이) (아닙니까)? ❸사실(이) (아닙니다).

UNIT 14
います／あります

イッ スム ニ ダ
있습니다

첫걸음　🔊 14-1

チ グム ソ ウ レ イッ スム ニ ダ
지금 서울에 있습니다.　今ソウルにいます。

ヨ ソン ヨン ド イッ スム ニ ッカ
여성용도 있습니까?　女性用もありますか。

포인트해설　## 「います」「あります」

「います／あります」は있습니다と言います。日本語では人や動物などの生き物は「います」、物は「あります」と使い分けますが、韓国語ではどちらも同じ있습니다です。「いますか／ありますか」とたずねるときは、있습니까?と言います。

한걸음더　「〜にあります」のような場所を示す「〜に」は에と言います。また、「私も」というようなときの「〜も」は도です。また、「〜の前」「〜の横」の「〜の」は、韓国語では省略します。

그룹에 중국인 멤버도 있습니다.　グループに中国人メンバーもいます。

호텔 옆에 있습니다.　ホテルの横にあります。

 기 억 하 자

- 中国人 −중국인【中国人】　● ホテル − 호텔【hotel】　● 横 − 옆　　　● コンビニ − 편의점【便宜店】
- トイレ −화장실【化粧室】　● 外 − 밖　● ソウル駅 −서울역【서울駅】
- 後ろ − 뒤　　● 心 − 마음　● 中 − 속, 안　　● 女性用 − 여성용【女性用】
- 男性用 − 남성용【男性用】　● 前 − 앞　　● 映画館 − 영화관【映画館】

48

1. 韓国語を書いて文章を完成させましょう。

① 恋人がいます。　애인이 (　　　　　　　　).

② コンビニの横にあります。

　편의점 옆(　　) (　　　　　　　　).

③ お酒もありますか。　술(　　) (　　　　　　　　)?

---

2. 音声を聞いて (　　　　) に言葉を入れましょう。 🔊 14-2

① 화장실은 밖(　　) (　　　　　　　　).
トイレは外にあります。

② 그룹(　　) 일본 사람(　　) (　　　　　　　)?
グループに日本人もいますか。

③ 서울역 (　　)(　　) (　　　　　　　).
ソウル駅の後ろにあります。

))) 👂 와! 들리네! 🔊 14-3

내 마음 속에 있습니다. 私の心の中にあります。

[答え]

1. ❶애인이 (있습니다). ❷편의점 옆(에) (있습니다). ❸술(도) (있습니까)?
2. ❶화장실은 밖(에) (있습니다). ❷그룹(에) 일본 사람(도) (있습니까)?
❸서울역 (뒤)(에) (있습니다).

UNIT 15
いません／ありません

オプ スム ニ ダ
없습니다

첫걸음 🔊 15-1

ワ イ パ イ ヌン オプ スム ニ ダ
와이파이는 없습니다. Wi-Fiはありません。

メ ク チュ パッ ケ オプ スム ニ ッカ
맥주밖에 없습니까? ビールしかありませんか。

포인트해설 「いません」「ありません」

「いません／ありません」は없습니다と言います。人や動物、物いずれも「いません」と「ありません」を区別せず없습니다です。「いませんか／ありませんか」とたずねるときは、없습니까?と言います。

「ほかに、外に」という意味の밖에をつけて、밖에 없습니다と言うと「～のほかにありません／～しかありません」という意味になります。

저희 가게는 치킨밖에 없습니다.
私どもの店はフライドチキンしかありません。

기억하자

- ほか、外 – 밖
- 私ども – 저희
- 店 – 가게
- フライドチキン – 치킨 [chicken]
- つまみ – 안주 [按酒]
- 時間 – 시간 [時間]
- お金 – 돈
- 近所 – 근처 [近処]
- 屋台 – 포장마차 [布張馬車]
- 焼酎 – 소주 [焼酎]
- ウイスキー – 양주 [洋酒]
- 飲み屋 – 술집
- 食堂 – 식당 [食堂]

연습 문제

1. 韓国語を書いて文章を完成させましょう。

① おつまみはありませんか。

안주는 (　　　　　　　　)?

② 時間がありません。　시간이 (　　　　　　　　).

③ キム・チョルスさんはいませんか。

김철수 씨는 (　　　　　　　　)?

---

2. 音声を聞いて (　　　) に言葉を入れましょう。 🔊 15-2

① 돈이 (　　　　　　　　).　お金がありません。

② 호텔 근처에 포장마차는 (　　　　　　　　).
ホテルの近所に屋台はありません。

③ 당신(　　)(　　) (　　　　　　　　).
あなたしかいません。

))) 👂 **와! 들리네!** 🔊 15-3

팬 여러분밖에 없습니다.
ファンの皆さんしかいません。

[答え]

1. ①안주는 (없습니까)?　②시간이 (없습니다).　③김철수 씨는 (없습니까)?

2. ①돈이 (없습니다).　②호텔 근처에 포장마차는 (없습니다).

③당신(밖)(에) (없습니다).

꿀잼포인트

イ ゴッ　ク ゴッ　チョ ゴッ
이것　그것　저것

첫걸음　◀)) 16-1

イ ゴ シ チェ ボ ム リ ム ニ ダ
이것이 제 보물입니다.　これが私の宝物です。

ク ゴ スン オ ヘ イ ム ニ ダ
그것은 오해입니다.　それは誤解です。

포인트해설　「これ」「それ」「あれ」と指す言葉

　「これ、それ、あれ」は、それぞれ이것、그것、저것です。会話などでは短くなり、이거、그거、저거となります。また、은(は)がついた、이것은(これは)、그것은(それは)、저것은(あれは)も会話では短くなり、이건、그건、저건となります。

이건 내 생각입니다.　これは私の考えです。

한 걸음 더

　「この会社」、「あの建物」のような「この、その、あの」は、それぞれ이、그、저です。

그 사람이 우리 선생님입니다.　その人がうちの先生です。

기 억 하 자

- **先生** – 선생님 [先生님]
- **景福宮** – 경복궁 [景福宮]
- **問題** – 문제 [問題]
- **建物** – 건물 [建物]
- **郵便局** – 우체국 [郵遞局]
- **会員証** – 회원증 [会員証]
- **言い訳** – 핑계
- **すべて** – 전부 [全部]
- **愛** – 사랑

1. 韓国語を書いて文章を完成させましょう。

❶ これは景福宮^{キョンボックン}です。

(）은 경복궁입니다.

❷ それは問題ではありません。

(）은 문제가 아닙니다.

❸ あの建物が郵便局です。 （ ） 건물이 우체국입니다.

---

2. 音声を聞いて(）に言葉を入れましょう。 🔊 16-2

❶ ( ) 팬클럽 회원증입니다.
これはファンクラブの会員証です。

❷ ( ) 핑계입니다. それは言い訳です。

❸ ( ) 사람이 나의 전부입니다.
その人が私のすべてです。

))) 👂 와! 들리네! 🔊 16-3

이것이 사랑입니까? これが愛ですか。

[答え]

1. ❶ (이것)은 경복궁입니다. ❷ (그것)은 문제가 아닙니다.
❸ (저) 건물이 우체국입니다.
2. ❶ (이건) 팬클럽 회원증입니다. ❷ (그건) 핑계입니다.
❸ (그) 사람이 나의 전부입니다.

UNIT 17
します

ハム ニ ダ
합니다

첫걸음 🔊 **17-1**

スクチェ ヌン ト ソ グァ ネ ソ ハム ニ ダ
숙제는 도서관에서 합니다.
宿題は図書館でします。

コン ハン エ ソ ティ ケ スル イェ ヤ カム ニ ッカ
공항에서 티켓을 예약합니까?
空港でチケットを予約しますか。

포인트해설 # シンプルな動詞「します」

「します」は합니다です。疑問文の「しますか」は합니까?となります。예약합니다（予約します）のように、名詞について「〜します」という動詞にもなります。また、「〜で」と場所を指す言葉は에서です。「〜を」と動作の対象を示す言葉は를ですが、를は直前にパッチムがあると을となります。

학교에서 한국어를 공부합니다.　学校で韓国語を勉強します。

한 걸음 더 形容詞にも합니다がつく言葉はたくさんあります。

중요합니다（重要です）　사랑이 중요합니다.　愛が重要です。

 기 억 하 자

- 結婚します - 결혼합니다【結婚합니다】　• 約束します - 약속합니다【約束합니다】　• 本当に - 정말로
- 愛しています - 사랑합니다　• マニキュア - 매니큐어【manicure】　• ネイルサロン - 네일샵【nailshop】
- 主に - 주로【主로】　• 買い物します - 쇼핑합니다【shopping합니다】　• 毎日 - 매일【毎日】
- 朝 - 아침　• 運動します - 운동합니다【運動합니다】　• とても - 아주
- 親切です - 친절합니다【親切합니다】　• 死ぬほど - 죽도록　• いつ - 언제

연습 문제

1. 韓国語を書いて文章を完成させましょう。

① 結婚を約束します。　결혼(　　) 약속(　　　　　　　).

② 本当に愛していますか。　정말로 사랑(　　　　　　)?

③ マニキュアはネイルサロンでします。

　매니큐어는 네일샵(　　　　) (　　　　　　).

---

2. 音声を聞いて(　　　)に言葉を入れましょう。 17-2

① 주로 면세점(　　　　) 쇼핑(　　　　　　).
主に免税店で買い物します。

② 매일 아침 운동(　　　　　)?　毎朝運動しますか。

③ 내 친구는 아주 친절(　　　　).
私の友人はとても親切です。

와! 들리네!　◀)) 17-3

당신을 죽도록 사랑합니다.
あなたを死ぬほど愛しています。

[答え]
1.　❶결혼(을) 약속(합니다).　❷정말로 사랑(합니까)?
❸매니큐어는 네일샵(에서) (합니다).
2.　❶주로 면세점(에서) 쇼핑(합니다).　❷매일 아침 운동(합니까)?
❸내 친구는 아주 친절(합니다).

UNIT 18
やわらかい
「〜です」

꿀잼포인트

エヨ　イエヨ
예요/이에요

첫걸음　◀)) 18-1

オ ッパ ヌン　ネ　コ エ ヨ
오빠는 내 거예요.　オッパは私のものです。

ム ハン　リ ピリ エ ヨ
무한 리필이에요?　食べ放題ですか。

포인트해설　# やわらかい「〜です」

UNIT7で、「〜です」は입니다と学びましたが、会話ではやわらかい感じのある예요という形がよく使われます。直前の文字にパッチムがある場合は이에요となります。どちらも語尾を上げて発音すれば、疑問文になります。また、가/이 아닙니다（〜ではありません）の요で終わる文は、가/이 아니에요となります。

화장실 어디예요?　トイレどこですか。　　거짓말이 아니에요.　うそではありません。

한걸음더

上の例文の어디（どこ）のような疑問を表す言葉には、他に무엇（何）や누구（誰）があります。무엇は会話などで뭐と短くなることもよくあります。

이름이 뭐예요?　名前は何ですか。

기 억 하 자

- 名前 – 이름
- すっぴん – 생얼、쌩얼
- BBクリーム – 비비크림【BBcream】
- 売り切れ – 매진【売尽】
- 映画 – 영화【映画】
- タイトル – 제목【題目】
- 地下鉄 – 지하철【地下鉄】
- 駅 – 역【駅】
- ロッテタワー – 롯데타워【lottetower】
- 皆さん – 여러분
- おかげ – 덕분【徳分】
- 家族 – 가족【家族】
- 電話します – 전화합니다【電話합니다】

1. 韓国語を書いて요で終わる文章を完成させましょう。

❶ すっぴんです。　쌩얼(　　　　　).

❷ BBクリームは売り切れです。
비비크림은 매진(　　　　　).

❸ その映画のタイトルが何ですか。
그 영화 제목이 (　　)(　　　　)?

2. 音声を聞いて (　　　　) に言葉を入れましょう。🔊 18-2

❶ 지하철역은 어디(　　　　　)?　地下鉄の駅はどこですか。

❷ 저 건물이 롯데타워(　　　　)?
あの建物がロッテタワーですか。

❸ 저는 한국 사람이 (　　　　　　).
私は韓国人ではありません。

))◯ **와! 들리네!**　🔊 18-3

팬 여러분 덕분이에요.
ファンの皆さんのおかげです。

[答え]

1. ❶쌩얼(이에요). ❷비비크림은 매진(이에요). ❸그 영화 제목이 (뭐)(예요)?
2. ❶지하철역은 어디(예요)? ❷저 건물이 롯데타워(예요)?
❸저는 한국 사람이 (아니에요).

있어요/없어요
イッ ソ ヨ　オプ ソ ヨ

첫걸음 🔊 **19-1**

오늘 시간이 없어요?
オ ヌル　シ ガ ニ　オプ ソ ヨ

今日時間がありませんか。

매표소는 저기에 있어요.
メ ピョ ソ ヌン　チョ ギ エ　イッ ソ ヨ

チケット売り場はあそこにあります。

포인트해설 # やわらかい「います」「いません」

「います／あります」「いません／ありません」は、それぞれ있습니다、없습니다と学び
ましたが（UNIT14，15）、요で終わるやわらかい形は、それぞれ있어요、없어요と言い
ます。どちらも語尾を上げて発音すれば、疑問文になります。

집에 고양이가 있어요. うちに猫がいます。 지갑이 없어요? 財布がありませんか。

한걸음더　場所を表す「ここ」「そこ」「あそこ」はそれぞれ、여기、거기、저기と言います。
日本語とニュアンスの違いは少しありますが、基本的に同じ距離感で使うこと
ができます。

일본어 안내문은 여기에 있어요. 日本語の案内文はここにあります。

 기 억 하 자

● 日本語 – 일본어【日本語】 ● 案内文 – 안내문【案内文】 ● 化粧品 – 화장품【化粧品】

● Facebook – 페이스북【facebook】、페북 ● 写真 – 사진【写真】 ● 地図 – 지도【地図】

● 歌手 – 가수【歌手】 ● 薬局 – 약국【薬局】 ● 心 – 마음 ● いつも – 항상【恒常】

● そば – 곁

1. 韓国語を書いて요で終わる文章を完成させましょう。

❶ ここに化粧品はありません。

여기에 화장품은 ( ).

❷ 地下鉄の駅はどこにありますか。

지하철역은 어디에 ( )?

❸ Facebookに写真があります。

페북에 사진이 ( ).

---

2. 音声を聞いて( )に言葉を入れましょう。 ◀)) 19-2

❶ 일본어 지도 ( )? 日本語の地図ありますか。

❷ 그 가수는 지금 애인이 ( ).
その歌手は今恋人がいません。

❸ 이 근처에 약국 ( )?
この近所に薬局ありませんか。

와! 들리네! ◀)) 19-3

내 마음은 항상 여러분 곁에 있어요.
僕の心はいつも皆さんのそばにあります。

[答え]

1. ❶여기에 화장품은 (없어요). ❷지하철역은 어디에 (있어요)?
❸페북에 사진이 (있어요).

2. ❶일본어 지도 (있어요)? ❷그 가수는 지금 애인이 (없어요).
❸이 근처에 약국 (없어요)?

꿀잼포인트

ヘ ヨ
해요

🔊 20-1

イル ボ ノ ヌン ハッキョ エ ソ コン ブ ヘ ヨ
일본어는 학교에서 공부해요?
日本語は学校で勉強しますか。

ナ ハ ゴ ヤク ソ ケ ヨ
나하고 약속해요. 私と約束してください。

포인트해설 # やわらかい「します」

합니다(します)の요で終わる形は해요です。語尾を上げて発音すれば、疑問文になります。また、해요は「します」という意味以外に、「しましょう」と誘う意味や「してください」というていねいな命令の意味もあり、文脈によって意味が変わります。

지금 고백해요. 今告白してください。　　同じ 같이 운동해요. 一緒に運動しましょう。

「君と僕」のような「〜と」は하고と言います。書き言葉では와とも書きますが、와は直前にパッチムがある場合は과になります。

여자와 남자 女子と男子　　　　꿈과 희망 夢と希望

📝 기 억 하 자

- 告白します-고백해요【告白해요】
- 一緒に-같이
- 女子-여자【女子】
- 男子-남자【男子】
- 夢-꿈
- 希望-희망【希望】
- LINE-라인【line】
- Tmoneyカード-티머니【Tmoney】
- 購入します-구입해요【購入해요】
- 食事します-식사해요【食事해요】
- 祝います-축하해요【祝賀해요】
- 飛行機-비행기【飛行機】
- 搭乗します-탑승해요【搭乗해요】
- 演技-연기【演技】
- 練習します-연습해요【練習해요】

연습 문제

1. 韓国語を書いて요で終わる文章を完成させましょう。

❶ 私はLINEをしています。　나는 라인을 (　　　　).

❷ Tmoneyカードはどこで購入しますか。
티머니는 어디서 구입(　　　　)?

❸ 学校では何を勉強していますか。
학교에서는 뭘 공부(　　　　)?

---

2. 音声を聞いて (　　　) に言葉を入れましょう。 🔊 20-2

❶ 오늘 같이 식사(　　　　). 今日一緒に食事しましょう。

❷ 생일 축하(　　　　). お誕生日おめでとう。

❸ 이 비행기는 어디서 탑승(　　　　)?
この飛行機はどこで搭乗しますか。

))) 🎧 **와! 들리네!** 🔊 20-3

저는 매일 노래와 연기를 연습해요.
私は毎日歌と演技を練習します。

[答え]
1. ❶나는 라인을 (해요). ❷티머니는 어디서 구입(해요)?
❸학교에서는 뭘 공부(해요)?
2. ❶오늘 같이 식사(해요). ❷생일 축하(해요). ❸이 비행기는 어디서 탑승(해요)?

服 옷	ブラウス 블라우스
セーター 스웨터	Tシャツ 티셔츠
ワイシャツ 와이셔츠	ベスト 조끼
カーディガン 가디건／카디건	ワンピース 원피스
スーツ 정장	ジャケット 자켓
コート 코트	ダウンジャケット 패딩
スカート 치마	ズボン 바지
デニムパンツ 청바지	レギンス 레깅스
ネクタイ 넥타이	スカーフ 스카프
マフラー 목도리	帽子 모자
手袋 장갑	めがね 안경

サングラス　선글라스	ハンカチ　손수건
ベルト　벨트	靴下　양말
靴　신발	革靴　구두
レザー　가죽	ブーツ　부츠
スニーカー　운동화	ハイヒール　힐
下着　속옷	パジャマ　잠옷
ハンドバッグ　핸드백	ネックレス　목걸이
指輪　반지	イヤリング／ピアス　귀걸이
ブレスレット　팔찌	ブローチ　브로치
鏡　거울	

꿀잼포인트

数字

첫걸음　🔊 **21-1**

パン　ウン　チルペクシプサホ　シ リム ニ ダ
방은 714호실입니다.　お部屋は714号室です。

イ チュン ソ グン サム マ ヌォ ニ エ ヨ
이층석은 3만 원이에요.
2階席は30,000ウォンです。

포인트해설　# 日本語と同じ数え方

数字は日本語と似ています。11以上も日本語のように1から10の数を組み合わせます。

1	2	3	4	5	6	7	8	9	10
일	이	삼	사	오	육	칠	팔	구	십

19　십구【十九】　　83　팔십삼【八十三】

100以上の数は、次の言葉を使って表します。

百	千	万
백	천	만

45,600ウォン → 사 만 오천 육백 원

（사【四】만【万】오【五】천【千】육【六】백【百】）

한 걸음 더　日本で1,000を「いちせん」と言わず、「千」とだけ言うように、韓国でも1,000は천【千】と言います。また、10,000も1を言わずに만【万】と言います。なお、16は십육と書きますが、発音は심뉵です。56であれば発音は오심뉵です。

 기 억 하 자

● ～号室 - 호실【号室】　● アリーナ席 - 스탠딩석、아레나석　　● いくら - 얼마

● （数字の）パスワード - 비밀번호【秘密番号】、비번　　● ウォン（韓国の通貨）- 원

● 100日記念 - 백일 기념【百日記念】　　　● 花束 - 꽃다발

1. 韓国語を書きましょう。

① 1(　　) 2(　　) 3(　　) 4(　　) 5(　　)
　 6(　　) 7(　　) 8(　　) 9(　　) 10(　　)

② 921号室です。 (　　　　　　　　　　) 호실입니다.

③ アリーナ席は89,500ウォンです。
　 스탠딩석은 (　　　　　　　　　　) 원이에요.

---

2. 音声を聞いて (　　　) に言葉を入れましょう。 🔊 21-2

① 이거 (　　　　　　　　　　)?　　これいくらですか。

② 비밀번호는 (　　　　　　　　)입니다.
　 パスワードは8282です。

③ (　　　　　　　　) 원이에요.　　15,000ウォンです。

🔊)) 👂 **와! 들리네!** 🔊)) **21-3**

백일 기념 선물은 역시 꽃다발이에요.
100日記念のプレゼントはやはり花束ですね。

[答え]

1. ❶1(일) 2(이) 3(삼) 4(사) 5(오) 6(육) 7(칠) 8(팔) 9(구) 10(십)
　　❷ (구백이십일) 호실입니다. ❸스탠딩석은 (팔만 구천오백) 원이에요.
2. ❶이거 (얼마예요)? ❷비밀번호는 (팔이팔이)입니다. ❸ (만 오천) 원이에요.

꿀잼포인트

ミョッ
몇

クリスマスヌン　シビ ウォル　イシボ　イ リエョ
크리스마스는 십이 월 이십오 일이에요.
クリスマスは12月25日です。

ミョンニョンセン イ エ ョ
몇 년생이에요?　何年生まれですか。

포인트해설　数をたずねる「몇」

「何月」とか「何階」と、数をたずねる言葉は몇です。몇 살 (何歳)のように、몇のすぐ後に単位(助数詞)をつけます。ただし、「何月何日」と日付をたずねる場合、「何月」は월 (月)をつけて몇 월ですが、「何日」は일 (日)をつけた몇 일ではなく、同じ発音ですが며칠 (何日)という単語を使います。

　　　몇 층이에요?　何階ですか。　　몇 명이에요?　何人ですか。

한걸음더

1年の中で「6月」、「10月」の2つだけは、육월、십월とはならずに、それぞれ유월、시월という単語があります。

　　　시월 구 일은 한글날입니다.　　10月9日は「ハングルの日」です。

📝 기억하자

- ハングルの日 – 한글날
- 〜人 – 명 [名]
- こどもの日 – 어린이날
- 〜年生まれ – 년생 [年生]
- 〜階 – 층 [層]
- 生年月日 – 생년월일 [生年月日]
- お正月 – 설날

연습 문제

1. 韓国語を書いて文章を完成させましょう。

① 今日は6月7日ですか。

오늘은 (　　) 월 칠 (　　) 이에요?

② 私は2003年生まれです。

나는 (　　　　　　　)(　　) 이에요.

③ 何人ですか。　　(　　) 명이에요?

---

2. 音声を聞いて (　　　　) に言葉を入れましょう。 🔊 22-2

① 생일은 팔 (　　) 이 (　　) 이에요. 誕生日は8月2日です。

② 방은 (　　)(　　) 에 있습니다. お部屋は10階にあります。

③ 몇 월 (　　　　) 이에요? 何月何日ですか。

))) 👂 **와! 들리네!** 🔊 22-3

제 생일은 3월 9일이에요.
私の誕生日は3月9日です。

[答え]
1. ❶오늘은 (유)월 칠 (일)이에요? ❷나는 (이천삼 년)(생)이에요.
❸ (몇) 명이에요?
2. ❶생일은 팔 (월) 이 (일)이에요. ❷방은 (십) (층)에 있습니다.
❸몇 월 (며칠)이에요?

語幹をマスター!

韓国語の動詞や形容詞でいろいろな表現を作るときに大切なのが「語幹」です。
動詞や形容詞の原形はすべて単語の最後が다という文字で終わっています。原形からこの다を取った残りのことを「語幹」と言います。

たとえば、原形が만나다(会う)という動詞であれば、다をとった만나が語幹になります。

原 形	語 幹
만나다 （会う）	만나다
하다 （する）	하다
좋다 （いい）	좋다
먹다 （食べる）	먹다
공부하다 （勉強する）	공부하다

（中央の矢印）다をとる

ここまでに学んだ입니다（です）や있습니다（あります）のような言葉も、みな原形があり、語幹もあります。韓国語に慣れながら効率よく学ぶために、その語幹を活用した形をそのまま覚えていたのです。

原　形	語　幹
입니다(です) **이다** (である)	이다
있습니다(います・あります) **있다** (いる・ある)	있다
없습니다(いません・ありません) **없다** (いない・ない)	없다
아닙니다(違います) **아니다** (違う)	아니다

辞書や単語帳には動詞や形容詞の原形が載っています。

語幹を変化 ➡ 아/어形

いろいろな表現を作るときに動詞や形容詞などの語幹の形を変化させることがあります。その変化した後の形を、この本では 아/어形 と呼びます。 아/어形 の作り方は UNIT27,28で学習します。

꿀잼포인트

語幹＋ㅂ니다
（パッチムなし）

ムニダ

첫걸음　🔊 23-1

ペン ミ ティン エ カム ニ ダ
팬미팅에 갑니다.
ファンミーティングに行きます。

テク シ ガ ピョル リ ハム ニ ダ
택시가 편리합니다.　タクシーが便利です。

포인트해설　動詞・形容詞の「です／ます」①

　動詞や形容詞を「〜です／〜ます」とていねいな形にするには、まず語幹（68〜69ページ）を確認します。

　そのうえで、語幹の最後にパッチムがない場合は、ㅂ니다をつけます。疑問文の場合は、ㅂ니까?をつけます。

	語幹				
가다 (行く)	가	＋ ㅂ니다	→	갑니다	行きます
편리하다 (便利だ)	편리하	＋ ㅂ니다	→	편리합니다	便利です

これまで、学んだ입니다（です）や、합니다（します）、아닙니다（ではありません）なども、それぞれの原形이다（である）、하다（する）、아니다（違う）を上のルールで活用したものです。

📒 기억하자

- ライブ会場 − 라이브 공연장【live公演場】
- 飲む − 마시다
- ワールドツアー − 월드 투어【world tour】
- 見る − 보다
- 乗る − 타다
- ロッテワールド − 롯데월드【lotteworld】
- 〜で − 로
- 来る − 오다
- マッコリ − 막걸리
- 買う − 사다
- アメリカ − 미국【美国】
- 値段が高い − 비싸다
- 安い − 싸다

연습 문제

1. 韓国語を書いて文章を完成させましょう。

① ライブ会場に行きます。

라이브 공연장에 (　　　　　　).

② ソウル駅で乗りますか。

서울역에서 (　　　　　　)?

③ 日本でもマッコリを飲みます。

일본에서도 막걸리를 (　　　　　　).

2. 音声を聞いて (　　　) に言葉を入れましょう。 ◀)) 23-2

① 내일은 롯데월드에 (　　　　　　).
明日はロッテワールドに行きます。

② 면세점에서 선물을 (　　　　　　).
免税店でおみやげを買います。

③ 꿈에서 (　　　　　　). 夢で会います。

))) 𝄞 와! 들리네! ◀)) 23-3

내년에는 월드 투어로 미국하고 일본에 갑니다.

来年はワールドツアーでアメリカと日本に行きます。

[答え]

1. ❶라이브 공연장에 (갑니다).　❷서울역에서 (탑니까)?

❸일본에서도 막걸리를 (마십니다).

2. ❶내일은 롯데월드에 (갑니다).　❷면세점에서 선물을 (삽니다).

❸꿈에서 (만납니다).

꿀잼포인트

語幹＋습니다
(パッチムあり)

スム ニ ダ

첫걸음 🔊 24-1

팥빙수도 **먹습니다**. パッピンスも食べます。
パッ ピン ス ド モク スム ニ ダ

서울의 겨울은 **춥습니까**?
ソ ウ レ キョ ウ ルン チュプスム ニ ッカ
ソウルの冬は寒いですか。

포인트해설 動詞・形容詞の「です／ます」②

「食べる」먹다や「寒い」춥다のように、語幹の最後にパッチムがある場合は、語幹に습니다をつけます。疑問文の場合は、습니까?をつけます。

	語幹			
먹다(食べる)	먹	＋습니다 →	먹습니다	食べます
춥다(寒い)	춥	＋습니다 →	춥습니다	寒いです

한걸음더 これまで、学んだ있습니다(あります)や、없습니다(ありません)なども、それぞれの原形있다(ある・いる)、없다(ない・いない)を上記のルールで活用したものです。

기억하자

- あまりにも － 너무
- 本当に、実に － 정말, 진짜, 참
- 受け取る － 받다
- ブデチゲ － 부대찌개
- もらう － 받다

- 暑い － 덥다
- 靴 － 신발
- おいしい － 맛있다
- 信じる － 믿다

- 座る － 앉다
- いい － 좋다
- 少し － 좀
- 客席 － 객석 [客席]
- 声 － 목소리

- 性格 － 성격 [性格]
- かばん － 가방
- 小さい － 작다
- 雰囲気 － 분위기 [雰囲気]

1. 韓国語を書いて文章を完成させましょう。

① 日本はあまりにも暑いです。

일본은 너무 (　　　　　　　　　).

② どこに座りますか。　어디에 (　　　　　　　　　)?

③ 性格が本当にいいです。

성격이 정말 (　　　　　　　　　).

---

2. 音声を聞いて（　　　　）に言葉を入れましょう。◀) 24-2

① 가방은 공항에서 (　　　　　　　　　)?.
かばんは空港で受け取りますか。

② 이 신발은 좀 (　　　　　　　　).
この靴は少し小さいです。

③ 부대찌개가 진짜 (　　　　　　　　).
ブテチゲが本当においしいです。

))) 와! 들리네! ◀) 24-3

오늘은 객석의 팬 여러분의 분위기가 참 좋습니다.
今日は客席のファンの皆さんの雰囲気が実にいいです。

[答え]

1. ❶일본은 너무 (덥습니다). ❷어디에 (앉습니까)? ❸성격이 정말 (좋습니다).
2. ❶가방은 공항에서 (받습니까)? ❷이 신발은 좀 (작습니다).
❸부대찌개가 진짜 (맛있습니다).

꿀잼포인트

固有の数詞

첫걸음　🔊 **25-1**

ヨ　ラ　ホプ　　サ　リ　エ　ヨ
열아홉 살이에요. 　19歳です。

イェ　ヤ　グン　トゥ　ミョン イ　エ　ヨ
예약은 두 명이에요. 　予約は２名です。

포인트해설　## 固有数詞で数える

　UNIT21で学んだ数字とは別に「ひとつ、ふたつ、みっつ…」と数える固有の数詞が
あります。人やものを数える場合や、年齢はこの固有数詞を使います。

하나	둘	셋	넷	다섯	여섯	일곱	여덟	아홉	열	스물
ひとつ	ふたつ	みっつ	よっつ	いつつ	むっつ	ななつ	やっつ	ここのつ	とお	20

30 서른　**40** 마흔　**50** 쉰　**60** 예순　**70** 일흔　**80** 여든　**90** 아흔

　11以上の数は、열 (10)、스물 (20) のような10の倍数に、하나 (ひとつ) から아홉 (こ
このつ) までの数をつけます。

18 열여덟　　**21** 스물하나　　**35** 서른다섯

한 걸음 더

「〜人」や「〜時」のように後ろに助数詞が来ると、次の５つは短くなります。

하나 → 한　　둘 → 두　　셋 → 세　　넷 → 네　　스물 → 스무
ひとつ　　　　ふたつ　　　みっつ　　　よっつ　　　20

한 장（1枚）　　세 명（3名）　　스무 살（20歳）

📝 기억하자

- 大人 - 어른
- 子供 - 어린이
- ラージ - 라지【large】
- サイズ - 사이즈【size】
- 〜杯 - 잔【盃】
- ください - 주세요
- 今年 - 올해
- 〜まで - 까지
- 〜時間 - 시간【時間】
- S席 - 에스석
- 同期 - 동기【同期】
- 大部分、ほとんど - 대부분【大部分】

1. 韓国語を書いて文章を完成させましょう。

① ひとつ、ふたつ、みっつ(掛け声)！

( ) ( ) ( )!

② 大人2枚、子供3枚です。

어른 ( ) ( ), 어린이 ( ) ( )이에요.

③ ラージサイズ1杯ください。

라지 사이즈 ( ) ( ) 주세요.

---

2. 音声を聞いて( )に言葉を入れましょう。 🔊 25-2

① 올해 ( ) ( )이에요. 今年17歳です。

② 일본까지 ( ) ( )이에요. 日本まで3時間です。

③ 에스석 ( ) ( ) 주세요. S席2枚ください。

))😊 와! 들리네! 🔊 25-3

우리 동기 대부분이 올해 스물 네 살이에요.
うちの同期のほとんどが今年で24歳です。

[答え]

1. ① (하나) (둘) (셋)! ② 어른 (두) (장), 어린이 (세) (장)이에요.
③ 라지 사이즈 (한) (잔) 주세요.
2. ① 올해 (열일곱) (살)이에요. ② 일본까지 (세) (시간)이에요.
③ 에스석 (두) (장) 주세요.

固有数詞＋시(時) 数字＋분(分)

◀)) **26-1**

오전 아홉 시 삼십 분이에요.
午前9時30分です。

수업은 열두 시 반까지예요.
授業は12時半までです。

포인트해설 時刻は２種類の数を使う

時刻は固有数詞と数字の両方を使います。「〜時」は固有数詞、「〜分」と「〜秒」は数字です。

固有数詞＋**시**(時) 数字＋**분**(分) 数字＋**초**(秒)

5時5分5秒 다섯 시 오 분 오 초

 ひとつ、ふたつ、みっつ、よっつの固有数詞は、後ろに助数詞がつくとシンプルな形になり (UNIT25)、以下の時刻も次のようになります。

1時 한 시 **2時** 두 시 **3時** 세 시 **4時** 네 시 **11時** 열한 시 **12時** 열두 시

기억하자

● **開演時間** – 개연시간 [開演時間], 공연 시작 시간 [公演始作時間]

● **公演時間** – 공연시간 [公演時間]　　　● **〜から** – 부터　　● **午後** – 오후 [午後]

● **チェックアウト** – 체크아웃 [check out]　● **毎週** – 매주 [每週]

● **期待する** – 기대하다 [期待하다]　　● **今** – 지금 [只今]　　● **〜瓶** – 병 [瓶]

1. 韓国語を書いて文章を完成させましょう。

❶ 開演時間は1時半です。

공연 시작 시간은 (　　) (　　) 반이에요.

❷ 12時5分前です。　　(　　　　) 시 (　　　)분 전이에요.

❸ 公演時間は2時から4時までです。

공연 시간은 (　　) 시부터 (　　) 시(　　　　　)예요.

---

2. 音声を聞いて (　　　　) に言葉を入れましょう。 🔊 26-2

❶ 지금 (　　) (　　)예요? 今何時ですか。

❷ 오후 (　　　　) 시 (　　　　　　) 분입니다.
午後5時25分です。

❸ 체크아웃은 (　　　　) 시입니다.
チェックアウトは11時です。

)》🎧 와! 들리네! 🔊》 26-3

매주 금요일 밤 여덟 시예요. 기대해요!
毎週金曜日夜8時です。期待してね。

[答え]

1. ❶공연 시작 시간은 (한) (시) 반이에요. ❷ (열두) 시 (오)분 전이에요.
❸공연 시간은 (두) 시부터 (네) 시(까지)예요.
2. ❶지금 (몇) (시)예요? ❷오후 (다섯) 시 (이십오) 분입니다.
❸체크아웃은 (열한) 시입니다.

꿀잼포인트

아/어形 ＋ 요
ヨ

첫걸음　🔊 27-1

ウンウォンボンウン　オ ディ ソ　パラ ヨ
응원봉은 어디서 팔아요?
ペンライトはどこで売っていますか。

チ ヂュタッカル ビ ド　チャヂュ　モ ゴ ヨ
치즈닭갈비도 자주 먹어요.
チーズタッカルビもよく食べますよ。

포인트해설　# やわらかい「です／ます」①

　UNIT23で「〜です／〜ます」を学びましたが、ここでは文が요で終わる、やわらかい表現を学びます。語幹の最後の母音が ㅏ か ㅗ なら아を、それ以外の場合は어をつけて、아/어形を作ります。아/어形に요をつければやわらかい「です／ます」の文になります。

語幹の最後の母音		語幹		아/어形		
ㅗ か ㅏ	팔다(売る)	팔 ＋ 아	→	팔아	→	팔아요 売ります
ㅗ か ㅏ 以外	먹다(食べる)	먹 ＋ 어	→	먹어	→	먹어요 食べます

한 걸음 더　動詞が요で終わる文は「です／ます」だけでなく、命令や誘う表現としても使います。語尾を上げて発音すれば、疑問文にもなります。

같이 먹어요.　　　　　　　빨리 먹어요.
一緒に食べましょう。（誘う）　早く食べてください。（命令）

📝 기억하자

- 早く － 빨리
- K-POP － 케이팝
- 多い － 많다
- クーポン － 쿠폰 [coupon]
- 撮る － 찍다
- アプリ － 앱 [app]
- 必ず － 꼭
- いつ － 언제
- やりとりをする － 주고받다

1. 韓国語を書いて요で終わる文章を完成させましょう。

① K-POPファンの友達が多いです。

케이팝 팬 친구가 (　　　　　　).

② 私はこの歌がいいです。

저는 이 노래가 (　　　　　　).

③ クーポンはどこでもらいますか。

쿠폰은 어디서 (　　　　　　)?

2. 音声を聞いて (　　　) に言葉を入れましょう。 🔊 27-2

① 같이 사진 (　　　　　　).　一緒に写真を撮りましょう。

② (　　　　　　). 빨리 (　　　　　　).
おいしいですよ。早く食べてください。

③ 이 앱이 진짜 (　　　　　　).
このアプリがとってもいいです。

))) 👂 와! 들리네! 🔊 27-3

기념일에는 꼭 선물을 주고받아요.
記念日には必ずプレゼントをあげたりもらったりします。

[答え]

1. ❶케이팝 팬 친구가 (많아요). ❷저는 이 노래가 (좋아요).
❸쿠폰은 어디서 (받아요)?

2. ❶같이 사진 (찍어요). ❷ (맛있어요). 빨리 (먹어요).
❸이 앱이 진짜 (좋아요).

꿀잼포인트

아/어形 + 요
ㅋ

첫걸음 ◀)) 28-1

네일 일보네 가요. 明日日本に行きます。
ネ イル イル ボ ネ カ ヨ

다시 한번 잘 봐요. もう一度よく見てください。
タ シ ハン ボン チャル ボァ ヨ

포인트해설 やわらかい「です／ます」②

　動詞や形容詞を 아/어形 にするとき、語幹にパッチムがない場合は、아や어をつけてから、さらにもう一度変化させることになります。変化のスタイルは語幹の母音の形によって異なります。

語幹の最後の母音の形			아/어形				変化のスタイル
① ㅏ	가다(行く)	가+아	→ 가아	→ 가	→ 가요.		아が消える
② ㅓ	서다(立つ)	서+어	→ 서어	→ 서	→ 서요.		어が消える
③ ㅗ	보다(見る)	보+아	→ 보아	→ 봐	→ 봐요.		ㅗ아がㅘになる
④ ㅣ	마시다(飲む)	마시+어	→ 마시어	→ 마셔	→ 마셔요.		ㅣ어がㅕになる
⑤ ㅜ	주다(あげる)	주+어	→ 주어	→ 줘	→ 줘요.		ㅜ어がㅝになる
⑥ ㅚ	되다(なる)	되+어	→ 되어	→ 돼	→ 돼요.		ㅚ어がㅙになる
⑦ ㅐ	내다(出す)	내+어	→ 내어	→ 내	→ 내요.		어が消える

📝 기 억 하 자

● もう一度、再び、また - 다시 한번　　● よく - 잘　　● メール - 메일 [mail]
● 送る - 보내다　　● あげる、くれる - 주다　　● カフェ - 카페 [café]
● 待つ - 기다리다　　● 次の - 다음　　● 新曲発表 - 컴백 [comeback]
● (人)に - 한테　　● なる、うまくいく - 되다

1. 韓国語を書いて요で終わる文章を完成させましょう。

❶ メールを送ってください。　메일을 (　　　　　　　).

❷ この写真私にもください。
이 사진 나한테도 (　　　　　).

❸ カフェの前で待っていてください。
카페 앞에서 (　　　　　　　).

---

2. 音声を聞いて (　　　) に言葉を入れましょう。 ◀)) 28-2

❶ 다시 한번 (　　　　　　). 　もう一度飲みましょう。

❷ 이것도 (　　　　). 　これも買ってください。

❸ 내 눈을 (　　　　). 　僕の目を見てください。

◀)) 와! 들리네! ◀)) 28-3

다음 컴백을 기다려요.
次の新曲発表を待っていてください。

[答え]

1. ❶메일을 (보내요).　❷이 사진 나한테도 (줘요).　❸카페 앞에서 (기다려요).
2. ❶다시 한번 (마셔요).　❷이것도 (사요).　❸내 눈을 (봐요).

꿀잼포인트

_{アン}
안 ＋ 動詞・形容詞

첫걸음 ◀) 29-1

_{イ ブ レン ドゥ ヌン アン ビッサ ヨ}
이 브랜드는 안 비싸요.
このブランドは高くありません。

_{チ グム イェヤク ア ネ ヨ}
지금 예약 안 해요? 今予約しませんか。

포인트해설 ## 動詞や形容詞の否定

　否定の文は、動詞や形容詞の前に안を置きます。ただし、사랑하다（愛する）のような、名詞に하다がついた動詞の場合は、名詞と하다の間に置くことが一般的です。

사다（買う）	안	＋ 사요	→	안 사요.	買いません
응원하다（応援する）	응원 ＋	안	＋해요	→ 응원 안 해요.	応援しません

한 걸음 더

하다がつく形容詞の場合は単語の前に안を置きます。

친절하다（親切だ）　안 ＋ 친절해요 → 안 친절해요. 親切ではありません

📝 기억하자

● 昼ごはん、昼食 - 점심【点心】　　● まだ - 아직　　● 寝る - 자다

● 最後まで - 끝까지　● あきらめる - 포기하다【抛棄하다】　　● あまり - 별로【別로】

1. 韓国語を書いて文章を完成させましょう。

❶ お酒は飲まないのですか。　술은 (　　) 마셔요?

❷ だめです、時間がありません。

(　　) 돼요, 시간이 없어요.

❸ 気分があまりよくありません。

기분이 별로 (　　) 좋아요.

---

2. 音声を聞いて (　　　) に言葉を入れましょう。 ◀)) 29-2

❶ 점심 (　　) (　　　　　　)?　お昼ごはん食べませんか。

❷ 아침에는 운동 (　　) (　　　　　). 　朝は運動しません。

❸ 아직 (　　) (　　　　　)?　まだ寝ませんか。

))) 🦻 와! 들리네! ◀)) 29-3

우리는 끝까지 포기 안 해요.
私たちは最後まであきらめません。

[答え]

1. ❶술은 (안) 마셔요?　❷(안) 돼요, 시간이 없어요.　❸기분이 별로 (안) 좋아요.
2. ❶점심 (안) (먹어요)?　❷아침에는 운동 (안) (해요).　❸아직 (안) (자요)?

꿀잼포인트

語幹＋지 않다
チ　アン　タ

첫걸음　◀) 30-1

ウェ　ナ　ル　ル　ミッ　チ　ア　ナ　ヨ
왜 나를 믿지 않아요?
なぜ僕を信じないんですか。

ハン　グ　ゴ　ヌン　オ　リョプ　チ　アン　スム　ニ　ッカ
한국어는 어렵지 않습니까?
韓国語は難しくありませんか。

포인트해설　## 안을 使わない否定

　否定の文は안を置くほかに、語幹に지 않다をつける方法があります。않다も動詞や形容詞と同じように、않습니다や않아요などの形にします。

| 예쁘다 (きれいだ) | 예쁘지 않아요. | きれいではありません |

| 후회하다 (後悔する) | 후회하지 않습니다. | 後悔しません |

한 걸음 더

지 않다を使った否定の文も、지 않습니까?や지 않아요?の形にすることで、疑問文にすることができます。

| 귀엽다 (かわいい) | 귀엽지 않아요? | かわいくありませんか |

기 억 하 자

- おなか - 배
- 痛い - 아프다
- ぜんぜん - 전혀 [全혀]
- 悲しい - 슬프다
- 誰も - 아무도
- 忙しい - 바쁘다
- 大変だ、きつい - 힘들다
- 軍隊 - 군대 [軍隊]
- 生活 - 생활 [生活]

1. 韓国語を書いて文章を完成させましょう。

① おなかが痛くありませんか。

　배가 아프(　　) (　　　　　　)?

② ぜんぜん悲しくありません。

　전혀 슬프(　　) (　　　　　　).

③ 誰も信じていません。

　아무도 믿(　　) (　　　　　　).

---

2. 音声を聞いて (　　　　) に言葉を入れましょう。🔊 30-2

① 바쁘(　　) (　　　　　　)?　忙しくありませんか。

② 너무 힘들(　　) (　　　　　　)?
　あまりにもきつくないですか。

③ 공항에는 택시로 가(　　) (　　　　　　).
　空港へはタクシーで行きません。

))) 👂 와! 들리네! 🔊 30-3

여러분 덕분에 군대 생활도 전혀 힘들지 않아요.
皆さんのおかげで軍隊での生活もまったく大変ではありません。

[答え]

1. ❶배가 아프(지) (않아요/않습니까)?　❷전혀 슬프(지) (않아요/않습니다).
❸아무도 믿(지) (않아요/않습니다).
2. ❶바쁘(지) (않아요)?　❷너무 힘들(지) (않아요)?
❸공항에는 택시로 가(지) (않아요).

꿀잼포인트

<ruby>못<rt>モッ</rt></ruby>＋**動詞**

첫걸음　🔊 **31-1**

<ruby>오<rt>オ</rt></ruby><ruby>늘<rt>ヌ</rt></ruby><ruby>은<rt>ルン</rt></ruby> <ruby>못<rt>モッ</rt></ruby> <ruby>가<rt>カ</rt></ruby><ruby>요<rt>ヨ</rt></ruby>. 　今日は行けません。

<ruby>김<rt>キム</rt></ruby><ruby>치<rt>チ</rt></ruby><ruby>는<rt>ヌン</rt></ruby> <ruby>못<rt>モン</rt></ruby> <ruby>먹<rt>モ</rt></ruby><ruby>어<rt>ゴ</rt></ruby><ruby>요<rt>ヨ</rt></ruby>? 　キムチは食べられませんか。

포인트해설　못を使う不可能の文

「〜できません」と不可能を表すときは、動詞の前に못を置きます。준비하다（準備する）のように名詞에하다がついた動詞の場合は、名詞と하다の間に못を置きます。

자다（寝る）	못 자요.	寝られません
준비하다（準備する）	준비 못 해요.	準備できません

不可能の表現は、動詞の語幹に지 못하다をつけて作ることもできます。その場合、못해요/못합니다の発音は、それぞれ変化して모태요/모탐니다となります（UNIT7ルール⑤）。

먹다（食べる）　먹지 못해요.　食べられません

📝 기 억 하 자

● 耐える、我慢する - 참다　　　　● 1人で - 혼자서

● これ以上 - 더이상[더以上]　　　● 探す、見つける - 찾다

86

연습 문제

1. 韓国語を書いて文章を完成させましょう。

① 私は耐えられません。　저는 (　　　) 참아요.

② 今は約束できません。　지금은 약속 (　　　) 해요.

③ 誰も信じられません。　아무도 믿지 (　　　　　　).

---

2. 音声を聞いて (　　　　　) に言葉を入れましょう。 🔊 31-2

① 혼자서 (　　　) 가요?　　　　　1人で行けませんか。

② 술은 (　　　) (　　　　　　).　　お酒は飲めません。

③ 난 운동 (　　　) (　　　　　　).　私は運動できません。

))⌒) **와! 들리네!**　◀)) 31-3

미안해요. 더 이상 못 만나요.
ごめんなさい。これ以上会えません。

[答え]
1. ❶저는 (못) 참아요. ❷지금은 약속 (못) 해요.
　　　　　　　❸아무도 믿지 (못해요/못합니다).
2. ❶혼자서 (못) 가요? ❷술은 (못) (마셔요). ❸난 운동 (못) (해요).

꿀잼포인트

ヘッ ソ ヨ　　ヘッスム ニ ダ
했어요 / 했습니다

첫걸음　🔊) 32-1

フェウォントゥンノ グル ヘッスム ニ ダ
회원 등록을 했습니다.　会員登録をしました。

ヘン ドン イ チョム イ サンヘッ ソ ヨ
행동이 좀 이상했어요.
行動がちょっとおかしかったです。

포인트해설　**하다의 過去形**

하다가つく動詞や形容詞の過去形は、하다を했어요や했습니다という形にします。

사랑하다(愛する)　　사랑했어요.　愛していました

필요하다(必要だ)　　필요했습니다.　必要でした

「しましたか」と過去のことをたずねるときは、語尾を上げて했어요?と発音すれば、疑問文になります。했습니다.は했습니까?にします。

성공하다(成功する)　　성공했습니까?　成功しましたか

조용하다(静かだ)　　조용했어요?　静かでしたか

📝 기 억 하 자

- 大学 – 대학교 [大学校]
- 入学する – 입학하다 [入学하다]
- また – 또
- 元彼 – 전남친 [前男親]
- 電話する – 전화하다 [電話하다]
- 異性関係 – 이성관계 [異性関係]
- 複雑だ – 복잡하다 [複雑하다]
- アルバイト – 아르바이트 [arbeit]
- 心から – 진심으로 [真心으로]
- 謝る – 사과하다 [謝過하다]
- 今回 – 이번 [이番]

연습 문제 ✏️

1. 韓国語を書いて文章を完成させましょう。

① 大学に入学しました。　대학교에 입학(　　　　　　　).

② また元彼に電話したんですか。

또 전남친한테 (　　　　　　)?

③ 異性関係がちょっと複雑でした。

이성관계가 좀 (　　　　　　　　).

---

2. 音声を聞いて (　　　　) に言葉を入れましょう。 🔊 32-2

① 어제는 열 시까지 아르바이트 (　　　　　　).
昨日は10時までアルバイトしました。

② 진심으로 (　　　　　　　). 心から愛していました。

③ 친구한테 처음 (　　　　　　　).
友達に初めて謝りました。

))) 👂 와! 들리네! 🔊 32-3

이번에 일본에서 처음 공연했습니다.
今回日本で初めて公演しました。

[答え]

1. ❶대학교에 입학(했어요/했습니다). ❷또 전남친한테 (전화했어요/했습니까)?
❸이성관계가 좀 (복잡했어요/복잡했습니다).

2. ❶어제는 열 시까지 아르바이트 (했어요). ❷진심으로 (사랑했어요).
❸친구한테 처음 (사과했어요).

아/어形 + 싸어요/싸습니다

<small>ッ ソ ヨ ッ ス ム ニ ダ</small>

첫걸음 🔊) 33-1

<small>パ ム　モ ゴッ ソ ヨ</small>
밥 먹었어요? ごはんを食べましたか。

<small>トゥ ディ オ　キ ニョム　コン ヨン　ティ ケ スル　サッ ス ム ニ ダ</small>
드디어 기념 공연 티켓을 샀습니다.
とうとう記念公演のチケットを買いました。

포인트해설 # 動詞・形容詞の過去形

　動詞や形容詞を過去形にするには、아/어形 に싸어요や싸습니다をつけます。하다がつく動詞や形容詞の過去形が했습니다や했어요 (UNIT32) なのは、하다の아/어形 の해 に싸어요や싸습니다がついていたのです。

　　　　　　　　　　　　아/어形

먹다 (食べる)	먹어 + 싸어요	→	먹었어요.	食べました
사다 (買う)	사 + 싸습니다	→	샀습니다.	買いました

한 걸음 더

　過去の疑問文は、아/어形 に싸어요?や싸습니까?をつけます

　　누구를 만났어요? 誰に会いましたか。

　　뭘 마셨습니까? 何を飲みましたか。

📝 기 억 하 자

- とうとう - 드디어
- 何を - 뭘 (무엇을の略)
- フォトカード - 포카、포토카드 [photo card]
- 幸せだ - 행복하다 [幸福하다]
- ごはんをおごる - 밥을 사다
- 久しぶりに - 오랜만에
- カップルリング - 커플 링 [couple ring]

1. 韓国語を書いて文章を完成させましょう。

① フォトカードを買いました。

포카를 (   ).

② どこでその歌手に会ったんですか。

어디서 그 가수를 (   )?

③ あの時は幸せでした。　그 때는 (   ).

---

2. 音声を聞いて (   ) に言葉を入れましょう。 ◀)) 33-2

① 어디서 뭘 (   )?
どこで何を食べたのですか。

② 친구한테 밥을 (   ).
友達にごはんをおごりました。

③ 오랜만에 메일을 (   ).
久しぶりにメールをもらいました。

))) 👂 와! 들리네! ◀)) 33-3

애인한테 생일 선물로 커플 링을 줬어요.
恋人に誕生日のプレゼントにカップルリングをあげました。

[答え]

1. ❶포카를 (샀어요/샀습니다).　❷어디서 그 가수를 (만났어요/만났습니까)?
❸그 때는 (행복했어요/행복했습니다).
2. ❶어디서 뭘 (먹었어요)?　❷친구한테 밥을 (샀어요).
❸오랜만에 메일을 (받았어요).

꿀잼포인트

チ　ア　ナッソヨ　　アナッスムニダ
지 않았어요/않았습니다

첫걸음　🔊) 34-1

センガクポ　ダ　チュプチ　ア　ナッソヨ
생각보다 춥지 않았어요.
思ったより寒くありませんでした。

オ　ヂェヌン　チョニョ　アン　チャッスムニ　ダ
어제는 전혀 안 잤습니다.
昨日はまったく寝ませんでした。

포인트해설　**過去の否定**

　過去の否定文は、過去形の前に안を置くか、語幹に지 않았어요や지 않았습니다をつけます。名詞に하다がつく動詞の場合は、名詞と했어요/했습니다の間に안を置きます。

울다（泣く）　　안 울었어요.　泣きませんでした。

쉽다（簡単だ）　예매는 쉽지 않았습니까?　事前購入は簡単ではありませんでしたか。

한 걸음 더

「～できませんでした」と過去の不可能の表現は、過去形の前に못を置くか、動詞の語幹に지 못했어요や지 못했습니다をつけます。名詞に하다がつく動詞の場合は、名詞と했어요/했습니다の間に못を置きます。

사다（買う）　　못 샀어요?　　　買えませんでしたか。

웃다（笑う）　　웃지 못했어요.　笑えませんでした。

 기 억 하 자

● 事前購入 - 예매【予買】　● デート - 데이트【date】　● 観客 - 관객【観客】

● それほど、あまり - 별로【別로】　　　● それでも - 그래도　● 涙 - 눈물

1. 韓国語を書いて文章を完成させましょう。

❶ **デートは行かなかったんですか。**

데이트는 (　　) (　　　　　　　)?

❷ **観客は多くありませんでした。**

관객은 많(　　) (　　　　　　　).

❸ **その映画は見られませんでした。**

그 영화는 (　　) (　　　　　　).

---

2. 音声を聞いて (　　　　) に言葉を入れましょう。 🔊 34-2

❶ 점심을 (　　) (　　　　　　　)?
お昼ごはんを食べられませんでしたか。

❷ 그 드라마는 별로 (　　) (　　　　　　).
そのドラマはあまりよくありませんでした。

❸ 그래도 울(　　) (　　　　　　)?
それでも泣かなかったんですか。

)𝄇 와! 들리네! 🔊 34-3

눈물을 참지 못했어요.
涙を我慢できませんでした。

[答え]

1. ❶데이트는 (안) (갔어요/갔습니까)?　❷관객은 많(지) (않았어요/않았습니다).
❸그 영화는 (못) (봤어요/봤습니다)./ (보지) (못했어요/못했습니다.)
2. ❶점심을 (못) (먹었어요)?　❷그 드라마는 별로 (안) (좋았어요).
❸그래도 울(지) (않았어요)?

コンサート・音楽　콘서트, 음악　🔊 34-4

歌手　가수	グループ　그룹
アイドル　아이돌	コンサート　콘서트
コンサートツアー　투어	歌　노래
音楽　음악	メンバー　멤버
歌詞　가사	MC　엠씨
アリーナ席　스탠딩석	セットリスト　세트리스트
ペンライト　응원봉	ステージ　무대
アンコール　앵콜／앙코르	マイク　마이크
チケット　티켓	前売り　예매
予約サイト　예매사이트	チケット購入　티켓팅
ファン　팬	ショーケース（新曲発表会）　쇼케이스

新曲発売　컴백

会員証　회원증

サイン会　사인회

全メンバー推し　올팬

プレゼント　선물

写真集　사진집

曲ファイル　음원

映画　영화

主役　주인공

デビュー　데뷔

プロダクション　소속사

ファンクラブ　팬클럽

ファンミーティング　팬미팅

握手　악수

推し　최애

写真　사진

アルバム　앨범

シングル　싱글

ドラマ　드라마

セリフ　대사

グループ解散　해체

꿀잼포인트

セ ヨ　　シム ニ ダ
세요 / 십니다

첫걸음　🔊 **35-1**

チュ マ レ ヌン　ハン サン　パップ シム ニ ダ
주말에는 항상 바쁘십니다.
週末はいつもお忙しいです。

タ ウム　チョンニュヂャン エ ソ　ネ リ セ ヨ
다음 정류장에서 내리세요.
次のバス停でお降りください。

포인트해설　# 敬語

　韓国でも年上の人や上司には敬語で話すのが一般的です。動詞や形容詞を敬語にする ときは、語幹に세요や십니다をつけます。ただし、語幹の最後の文字にパッチムがある 場合은으세요や으십니다となります。세요はていねいな命令としても使われます。

벗다 (脱ぐ)	신발을 벗으세요.	靴をお脱ぎください。
찾다 (探す)	뭘 찾으십니까?	何をお探しですか。

한걸음더　「(名詞)です」という文を「〜でいらっしゃいます」と敬語にする場合、名詞に 세요や십니다をつけます。名詞の最後にパッチムがあれば、이세요や이십니 다になります。

　　누구세요? どなたですか。　　손님이십니다. お客様でいらっしゃいます。

📝 **기억하자**

● お客様 – 손님	● 風邪 – 감기 [感気]	● 気をつける – 조심하다 [操心하다]
● タッカルビ – 닭갈비	● どんな – 어떤	● 夢を見る – 꿈을 꾸다
● 体 – 몸	● 新聞 – 신문 [新聞]	

연습 문제

1. 韓国語を書いて文章を完成させましょう。

① 当ホテルは初めてでいらっしゃいますか。

저희 호텔은 처음(　　　　　　　　)?

② 風邪にお気をつけください。

감기 (　　　　　　　　　　).

③ インスタやっていらっしゃいますか。

인스타 (　　　　　　　)?

---

2. 音声を聞いて (　　　) に言葉を入れましょう。 🔊) 35-2

① 닭갈비를 이 인분 (　　　　　　　).

タッカルビを2人前ください。

② 여기서 사진 (　　　　　　　).

ここで写真をお撮りください。

③ 어떤 음악을 (　　　　　　　　)?

どんな音楽がお好きですか。

)))👂 **와! 들리네!** 🔊) 35-3

내 꿈 꾸세요. 私の夢を見てください。

[答え]

1. ❶저희 호텔은 처음(이세요/이십니까)?　❷감기 (조심하세요).
❸인스타 (하세요/하십니까)?

2. ❶닭갈비를 이 인분 (주세요).　❷여기서 사진 (찍으세요).
❸어떤 음악을 (좋아하세요)?

敬語として使う単語

첫걸음　🔊 36-1

빨리 드세요. 早くお召し上がりください。
ッパルリ トゥ セ ヨ

사장님은 지금 안 계십니다.
サ ヂャン ニ ムン チ グ ム アン ゲ シ ム ニ ダ
社長様は今いらっしゃいません。

포인트해설　いろいろな敬語の単語

「食べる」という動詞に対して「召し上がる」という敬語があるように、韓国語にも敬語として存在する動詞があります。ここではよく使うものを紹介します。

계시다 (いらっしゃる)	계십니다	계세요
드시다 (召し上がる)	드십니다	드세요
주무시다 (お休みになる)	주무십니다	주무세요
말씀하시다 (お話しになる)	말씀하십니다	말씀하세요

한 걸음 더

役職や名前に님をつけると敬称になります。また、日本では、自分の家族や同じ会社の人間は、「父が」や「社長が」と低く言いますが、韓国では相手が誰でも常に「お父様が〜」「社長様は〜」と敬語にします。

아버님이 주무십니다.　お父様がお休みになります。

 기억하자

- ゆっくり – 천천히　　• 早く – 일찍　　　• 部長 – 부장님【部長님】
- オフィス – 사무실【事務室】　　　　　　• おいしく – 맛있게
- やすらかに、ごゆっくり – 안녕히【安寧히】　• ぐっすり – 푹　　• 教授 – 교수님【教授님】
- どんな、何の – 무슨　　　　　　　　　• お母様 – 어머님

연습 문제

1. 韓国語を書いて文章を完成させましょう。

❶ ごゆっくりお召し上がりください。
천천히 (　　　　　　　).

❷ お父様が何とおっしゃっていますか。
아버님이 무슨 말씀(　　　　　　)?

❸ 今日は早くお休みください。
오늘은 일찍 (　　　　　　　　)

---

2. 音声を聞いて (　　　　) に言葉を入れましょう。 ◀)) 36-2

❶ 부장님이 사무실에 (　　　　　　　　)?
部長様はオフィスにいらっしゃいますか。

❷ 맛있게 (　　　　　　). おいしくお召し上がりください。

❸ 안녕히 (　　　　　　　　). ごゆっくりお休みください。

)))🎧 **와! 들리네!** ◀)) 36-3

오늘 밤도 푹 주무세요.
今夜もぐっすりお休みください。

[答え]
1. ❶천천히 (드세요). ❷아버님이 무슨 말씀(하세요/하십니까)?
❸오늘은 일찍 (주무세요).
2. ❶부장님이 사무실에 (계십니까)? ❷맛있게 (드세요). ❸안녕히 (주무세요).

UNIT 37
～されました

語幹 ＋ 셨어요 / 셨습니다
ショッソ ヨ　ショッスム ニ ダ

첫걸음　🔊 37-1

식사 안 하셨습니까?
シ ク サ ア ナ ショッスム ニ ッカ
お食事されませんでしたか。

어머님께서 수술을 받으셨습니다.
オ モ ニ ムッケ ソ　ス スルル　パ ドゥショッスム ニ ダ
お母様が手術をお受けになりました。

포인트해설　敬語の過去形

　過去のことを敬語にするには、**語幹**に**셨어요**や**셨습니다**をつけます。ただし、**語幹**の最後の文字にパッチムがある場合は**으셨어요**や**으셨습니다**となります。

> 뉴스를 보셨어요?　ニュースをご覧になりましたか。

> 혹시 저를 찾으셨어요?　ひょっとして私を探されましたか。

한 걸음 더

「先生が」の「〜が」をとてもていねいに言うと**께서**となります。同様に「先生は」の「〜は」は**께서는**と言います。日本語には特に訳さないことが一般的ですが、状況によっては「〜におかれましては」などと訳されることもあります。

> 선생님께서 가르치셨어요.　先生が教えられました。

 기억하자

● ひょっとして - 혹시 [或是]	● 教える - 가르치다	● もう、すでに - 벌써
● 味見する - 맛을 보다	● 夕食、夕方 - 저녁	● 自動車 - 자동차 [自動車]
● 教室 - 교실 [教室]	● 視聴者 - 시청자 [視聴者]	● 大統領 - 대통령 [大統領]
● 朝食、朝 - 아침		

1. 韓国語を書いて文章を完成させましょう。

① ゆっくりお休みになりましたか。

안녕히 (　　　　　　　　　　　)?

② もう連絡を受けられました。

벌써 연락을 (　　　　　　　　　).

③ 味見されましたか。　맛을 (　　　　　　　　)?

---

2. 音声を聞いて (　　　　) に言葉を入れましょう。 🔊) **37-2**

① 저녁 (　　　　　　　　　　)?　夕食は召し上がりましたか。

② 아버님께서 자동차를 (　　　　　　　　　).
お父様が自動車を買いました。

③ 선생님이 교실에 안 (　　　　　　　　).
先生が教室にいらっしゃいませんでした。

))🦻 와! 들리네! 🔊) **37-3**

시청자 여러분은 벌써 이 영화 보셨습니까?
視聴者の皆様はもうこの映画ご覧になりましたか。

[答え]
1. ❶안녕히 (주무셨어요/주무셨습니까)?
❷벌써 연락을 (받으셨어요/받으셨습니다). ❸맛을 (보셨어요/보셨습니까)?
2. ❶저녁 (드셨어요)? ❷아버님께서 자동차를 (사셨습니다)
❸선생님이 교실에 안 (계셨어요).

꿀잼포인트

語幹 + ㄹ 수 있다
<small>ル　ス　イッタ</small>

첫걸음 ◀)) 38-1

콘서트에 혼자서 갈 수 있어요.
<small>コン　ソ　トゥ　エ　ホンヂャ　ソ　カル　ス　イッ　ソ　ヨ</small>

コンサートに1人で行くことができます。

다 먹을 수 있습니다. すべて食べられます。
<small>タ　モグル　ス　イッスム　ニ　ア</small>

포인트해설 # 可能の表現

「〜することができます」のように、動詞を可能の表現にするときは、語幹にㄹ 수 있어요やㄹ 수 있습니다をつけます。また、語幹の最後の文字にパッチムがある場合はㄹが을となります。

하다(する)	할 수 있습니까?	することができますか。
있다(ある)	있을 수 있어요.	ありえます。

한 걸음 더

ㄹ 수 있다の있다 (ある)の部分を反対の意味の없다 (ない)にすると、「〜することができない」という不可能の表現になります。

믿다(信じる)	믿을 수 없습니다.	信じることができません。
이기다(勝つ)	이길 수 없어요?	勝つことができませんか。

📝 기억하자

- 勝つ - 이기다
- 上手に、うまく - 잘
- 歌う - 부르다
- 上手にやる、得意だ - 잘하다
- 話す - 말하다, 하다
- 降りる - 내리다

연습 문제

1. 韓国語を書いて文章を完成させましょう。

① 歌をうまく歌えません。

노래를 잘 부를 수 (　　　　　　).

② 必ず上手にやることができます。

꼭 잘할 수 (　　　　　　).

③ もう一度見ることができますか。

다시 한번 볼 수 (　　　　)?

---

2. 音声を聞いて（　　　）に言葉を入れましょう。 🔊 38-2

① 일찍 올 수 (　　　　　　)?　早く来ることができますか。

② 더이상 참을 수 (　　　　　).
これ以上耐えられません。

③ 일본말을 할 수 (　　　　　)?　日本語が話せますか。

》))🎧 **와! 들리네!** 🔊 38-3

다시 만날 수 있어요? また会えますか。

[答え]

1. ❶노래를 잘 부를 수 (없어요/없습니다). ❷꼭 잘할 수 (있어요/있습니다).
❸다시 한번 볼 수 (있어요/있습니까)?
2. ❶일찍 올 수 (있어요)? ❷더이상 참을 수 (없어요).
❸일본말을 할 수 (있어요)?

꿀잼포인트

語幹＋면 _{ミョン}

첫걸음　◀) **39-1**

여름이 오**면** 생각 나요.
<small>ヨ ル ミ オ ミョン センガン ナ ヨ</small>
夏が来れば思い出します。

그 그룹이 없**으면** 못 살아요.
<small>ク グ ル ビ オ プ ス ミョン モッ サ ラ ヨ</small>
そのグループがいなければ生きていけません。

포인트해설　**仮定の表現**

　動詞や形容詞を「〜たら、〜れば、〜なら」と仮定の表現にするときは、語幹に**면**をつけます。ただし、語幹の最後の文字にパッチムがある場合は**으면**となります。

가다(行く)　　가**면**　　行けば、行くなら

있다(ある)　　있**으면**　　あれば、あるなら

한걸음더　「夢だったら」のような名詞の仮定は、**이다**(である)の語幹**이**に**면**をつけて**이면**とします。また、**이라면**をつける場合もあります。それぞれ、名詞の最後にパッチムがない場合は**면**、**라면**になります。

学生**이면**　　学生であれば　　　나**라면**　　僕だったら

기억하자

- 遊ぶ - 놀다
- 雨が降る - 비가 오다
- キャンセルされる - 취소되다[取消되다]
- おなかがすいている - 배가 고프다
- もっと - 더
- 過ぎる - 지나다
- 忘れてしまう - 잊어버리다
- たくさん - 많이

1. 韓国語を書いて文章を完成させましょう。

❶ 時間があるなら一緒に遊びましょう。

시간이 (　　　　　　　) 같이 놀아요.

❷ お金がないなら買えませんよ。

돈이 (　　　　　　) 못 사요.

❸ 雨が降ったらキャンセルされます。

비가 (　　　　) 취소돼요.

---

2. 音声を聞いて(　　　)に言葉を入れましょう。 ◀)) 39-2

❶ 아직 배가 (　　　　　　) 더 먹어요.
まだおなかがすいているならもっと食べてください。

❷ (　　　　　　) 안 만나요. 私なら会いません。

❸ 한국에 (　　　　) 화장품을 사요.
韓国に行ったら化粧品を買ってください。

))) 👂 **와! 들리네!** ◀)) 39-3

시간이 지나면 다 잊어버려요.
時間が過ぎればみな忘れてしまいます。

[答え]

1. ❶시간이 (있으면) 같이 놀아요. ❷돈이 (없으면) 못 사요.
❸비가 (오면) 취소돼요.

2. ❶아직 배가 (고프면) 더 먹어요. ❷ (나라면) 안 만나요.
❸한국에 (가면) 화장품을 사요.

UNIT 40
～すれば
いい

語幹＋면 되다

ミョン デ ダ

첫걸음 🔊) 40-1

열심히 공부하**면 돼요**.
ヨル シ ミ コン ブ ハ ミョン デ ヨ
一生懸命勉強すればいいんです。

술 마시**면 안 돼요**.
スル マ シ ミョン アン デ ヨ
お酒を飲んではいけません。

포인트해설 勧めたり、許可する表現

動詞や形容詞を「〜すればいい」「〜ならいい」という表現にするには、語幹に**면 되다**をつけます。また、語幹の最後の文字にパッチムがある場合は**으면 되다**となります。

돈이 많**으면 돼요?** お金が多ければいいのですか。

약을 먹**으면 됩니다**. 薬を飲めばいいです。

「〜したらだめ」「〜ならだめ」という表現にするには、**되다**の前に**안**を置きます。

밤에 나가**면 안 됩니까?** 夜に外出してはいけませんか。

포기하**면 안 돼요**. あきらめたらだめです。

📝 기억하자

● 出て行く、外出する - 나가다 ● 顔 - 얼굴

● さえ、だけ - 만 ● きれいだ、かわいい - 예쁘다 ● 病院 - 병원 [病院]

● 宿題 - 숙제 [宿題] ● ごみ - 쓰레기 ● 捨てる - 버리다

● パスポート - 여권 [旅券]

1. 韓国語を書いて文章を完成させましょう。

① 顔さえかわいければいいのですか。

얼굴만 예쁘면 (　　　　)?

② 病院に行けばいいです。　병원에 (　　　　) 돼요.

③ 宿題をしなかったらだめですよ。

숙제를 안 (　　　　) 안 (　　　　).

---

2. 音声を聞いて (　　　　) に言葉を入れましょう。 ◀) 40-2

① 쓰레기를 (　　　　　) 안 (　　　　).
ごみを捨ててはいけません。

② 여권만 (　　　　　) (　　　　).
パスポートだけあればいいです。

③ 매표소에서 (　　　　) (　　　　)?
チケット売り場で買えばいいのですか。

))ᎏ 와! 들리네! ◀) 40-3

우리는 여러분의 사랑만 있으면 돼요.
私は皆さんの愛さえあればいいです。

[答え]

1. ❶얼굴만 예쁘면 (돼요/됩니까)?　❷병원에 (가면) 돼요.
❸숙제를 안 (하면) 안 (돼요/됩니다).

2. ❶쓰레기를 (버리면) 안 (돼요).　❷여권만 (있으면) 돼요.
❸매표소에서 (사면) 돼요)?

꿀잼포인트

語幹＋지만

チ　マン

첫걸음　🔊 41-1

ノ　レ　ヌン　チョッ　チ　マン　ヨン　ギ　ヌン　モッ　テ　ヨ
노래는 좋지만 연기는 못 해요.
歌はいいけれど演技はできません。

フェ　サ　エ　カッ　チ　マン　ア　ム　ド　オプ　ソッ　ソ　ヨ
회사에 갔지만 아무도 없었어요.
会社に行ったけれど誰もいませんでした。

포인트해설　**反対の文をつなぐ**

「〜けれど」や「〜なのに」のように、後ろに前の文と反対の意味の文が来る表現（逆接）は、動詞や形容詞の語幹に지만をつけます。「〜だったのに」のような過去形は아/어形に ㅆ지만をつけます。また、「〜ないけれど」と否定であれば、語幹に 지 않지만をつけます。

모르다 (知らない)	이름도 잘 모르지만	名前もよく知らないけれど
맵다 (からい)	맵지 않지만	からくないけれど
시작하다 (始める)	먼저 시작했지만	先に始めたのに

한 걸음 더

ㅂ니다で終わっている文に만をつけても、ていねいな逆接になります。

미안합니다만　すみませんが

📝 기억하자

- 考える‐생각하다　• 難しい‐어렵다　• おもしろい‐재미있다　• 昨年‐작년【昨年】
- 撮影‐촬영【撮影】　• かまわない、大丈夫だ‐괜찮다　• 握手‐악수【握手】
- いやだ、嫌いだ‐싫다　• ボールペン‐볼펜【ballpen】　• 誰も‐아무도　• 先に‐먼저

1. 韓国語を書いて文章を完成させましょう。

① 難しいけれどおもしろいです。

　　어렵(　　　　　) 재미있어요.

② 昨年始めたけれどまだできません。

　　작년에 시작(　　　　　　　) 아직 못 해요.

③ 写真撮影はかまわないけれど握手はだめです。

　　사진 촬영은 (　　　　　　) 악수는 안 돼요.

---

2. 音声を聞いて (　　　　) に言葉を入れましょう。 🔊)) **41-2**

① (　　　　　　　　) 맛있어요.　からいけれどおいしいですよ。

② (　　　　　　　　　) 저는 싫어해요.
　かわいいけれど私は嫌いです。

③ 미안합니다(　　) 그거 제 볼펜이에요.
　すみませんが、それ私のボールペンです。

))🎧 **와! 들리네!** 🔊)) **41-3**

돈은 많지 않지만 행복해요.
お金はたくさんありませんが幸せです。

[答え]

1. ①어렵(지만) 재미있어요.　②작년에 시작(했지만) 아직 못 해요.
　　③사진 촬영은 (괜찮지만) 악수는 안 돼요.
2. ①(맵지만) 맛있어요.　②(예쁘지만) 저는 싫어해요.
　　③미안합니다(만) 그거 제 볼펜이에요.

꿀잼포인트

語幹＋고 [コ]

첫걸음 🔊 42-1

냉면도 먹고 비빔밥도 먹어요.
[ネンミョンド モッコ ピビムパプト モゴヨ]
冷麺も食べてビビンバも食べます。

인터넷 쇼핑몰이 빠르고 편리해요.
[イン ト ネッ ショピンモリ ッパルゴ ピョルリヘヨ]
ネット通販が早くて便利です。

포인트해설 言葉をつなぐ表現

「軽くて小さくて」のように、いくつかの事がらを並べたり、「〜してから…する」のように順序を表すときは、動詞や形容詞などの語幹に고をつけます。

오빠는 착하고 멋있어요.　オッパはやさしくて素敵です。

숙제를 하고 티브이를 봐요.　宿題をしてからテレビを見ます。

名詞の場合は이고ですが、最後にパッチムがないと、이が省略されます。

이쪽은 커피고 이쪽은 카페라테예요.
こっちはコーヒーでこっちはカフェラテです。

📝 기 억 하 자

● やさしい - 착하다　● 素敵だ - 멋있다　● カフェラテ - 카페라테 [cafe latte]
● イケメン - 미남 [美男]　● ダンス - 댄스 [dance]　● ビール - 맥주 [麦酒]　● 焼酎 - 소주 [焼酎]
● 短い - 짧다　● 背が高い - 키가 크다　● 脚 - 다리　● 長い - 길다
● 目の保養 - 눈 호강 [-豪強]　● 超おもしろい - 꿀잼이다　● こっち、こちら - 이쪽

1. 韓国語を書いて文章を完成させましょう。

❶ この食堂は安くておいしいです。

이 집은 싸(　　) 맛있어요.

❷ まず食事してから行きましょう。

먼저 식사를 (　　　　) 가요.

❸ オッパはイケメンでダンスも上手です。

오빠는 미남이(　　) 댄스도 잘해요.

---

2. 音声を聞いて (　　　) に言葉を入れましょう。 🔊)) 42-2

❶ 남편은 맥주를 마시(　　) 저는 소주를 마셔요.
夫はビールを飲んで、私は焼酎を飲みます。

❷ 이 문제는 짧(　　) 간단해요. この問題は短くて簡単です。

❸ 남친은 키가 크(　　) 다리가 길어요.
彼氏は背が高くて脚が長いです。

))) 👂 **와! 들리네!**　🔊)) 42-3

이 드라마는 눈 호강도 되고 꿀잼이에요.
このドラマは目の保養にもなるし、超おもしろいです。

[答え]
1. ❶이 집은 싸(고) 맛있어요. ❷먼저 식사를 (하고) 가요.
　　　　　　　　　❸오빠는 미남이(고) 댄스도 잘해요.
2. ❶남편은 맥주를 마시(고) 저는 소주를 마셔요. ❷이 문제는 짧(고) 간단해요.
　　　　　　　　　❸남친은 키가 크(고) 다리가 길어요.

UNIT 43
～している

語幹＋고 있다
コ イッタ

첫걸음 🔊 43-1

은행에서 일하고 있습니다.
ウ ネン エ ソ イ ラ ゴ イッ スム ニ ダ
銀行で働いています。

트위터 팔로우 하고 있어요.
トゥ ウィ ト パル ロ ウ ハ ゴ イッ ソ ヨ
ツイッターフォローしています。

포인트해설　現在進行形の表現

「～している」と、今していることや近ごろ続けて行っていることを表現するには、動詞の語幹に고 있다をつけます。

친구가 중국에 살고 있어요.　友達が中国に住んでいます。

뭘 듣고 있어요?　何を聴いているんですか。

目上の人が今している動作を「～していらっしゃる」と敬語で表現するにする場合は、있다（いる）の部分を、敬語の계시다（いらっしゃる）にかえて、고 계시다と表現します。

사장님이 신문을 읽고 계십니다.　社長様が新聞を読んでいらっしゃいます。

📝 기억하자

● 住む、生きる－살다　　● 聞く、聴く－듣다　　● ビデオ通話－영상 통화【映像 通話】
● 英語－영어【英語】　　● 高校－고등학교【高等学校】　　● 通う－다니다
● デニムのパンツ－청바지【青바지】　　● はく、着る－입다　　● 働く－일하다

112

1. 韓国語を書いて文章を完成させましょう。

❶ いつも応援しています。　항상 응원하(　　) 있어요.

❷ 友達とビデオ通話をしています。

친구하고 영상 통화를 (　　　　) 있어요.

❸ 英語を勉強しています。

영어를 (　　　　　　　) 있어요.

---

2. 音声を聞いて (　　　) に言葉を入れましょう。🔊 43-2

❶ 고등학교에 다니(　　) 있어요. 高校に通っています。

❷ 교수님은 청바지를 입(　　) (　　　　　).
教授はデニムのパンツをはいていらっしゃいます。

❸ 지금 뭘 (　　　) (　　　　　)?
今何を食べているんですか。

🔊 와! 들리네! 🔊 43-3

지금 어디서 뭘 하고 있어요?
今どこで何をしているんですか。

꿀잼포인트

語幹＋고 싶다
コ シプタ

첫걸음　◀») 44-1

リプ グル ロ ス ルル　サ ゴ　シ ポ ヨ
립글로스를 사고 싶어요.
リップグロスを買いたいです。

オットン ウム シ グル モッ コ　シ ポ ヨ
어떤 음식을 먹고 싶어요?
どんな食べ物を食べたいですか。

포인트해설　## 願いや意志の表現

「～したい」と意志や願いを表す表現は、動詞の語幹に고 싶다をつけます。싶다も싶습니다や싶어요などの形で、「～です／～ます」の文になります。

> 우체국에 가고 싶습니다.　郵便局に行きたいです。

> 신발을 벗고 싶어요.　靴を脱ぎたいです。

反対に「～したくない」と、否定の意志は、動詞の語幹に고 싶지 않다をつけます。

> 병원에 가고 싶지 않아요.　病院に行きたくありません。

> 잊고 싶지 않습니다.　忘れたくありません。

📝 기억하자

- 脱ぐ‐벗다
- 病院‐병원 [病院]
- 忘れる‐잊다
- 作る‐만들다
- 本‐책
- 読む‐읽다
- 服‐옷
- 話‐이야기, 애기
- わかる、知る‐알다

114

연습 문제

1. 韓国語を書いて文章を完成させましょう。

① オッパと結婚したいです。

오빠하고 결혼하(　　) (　　　　　　　　).

② 友達をたくさん作りたいです。

친구를 많이 만들(　　) (　　　　　　　).

③ どんな本を読みたいですか。

어떤 책을 읽(　　) (　　　　　　　)?

---

2. 音声を聞いて (　　　　) に言葉を入れましょう。 🔊 **44-2**

① 남친을 보(　　) (　　　　　) 않아요?
彼氏に会いたくないですか。

② 오늘은 어떤 옷을 입(　　) (　　　　　　)?
今日はどんな服を着たいですか。

③ 군대 이야기는 하고 (　　　　　) (　　　　　　).
軍隊の話はしたくありません。

〜))) 👂 **와! 들리네!**　🔊 **44-3**

나만의 비밀을 알고 싶어요?
私だけの秘密を知りたいですか。

[答え]

1. ❶오빠하고 결혼하(고) (싶어요/싶습니다).
❷친구를 많이 만들(고) (싶어요/싶습니다). ❸어떤 책을 읽(고) (싶어요/싶습니까)?
2. ❶남친을 보(고) (싶지) 않아요? ❷오늘은 어떤 옷을 입(고) (싶어요)?
❸군대 이야기는 하고 (싶지) (않아요).

꿀잼포인트

語幹＋자 (チャ)

첫걸음 🔊 45-1

술 한잔 하자. (スル ハンヂャン ハ ヂャ)　お酒一杯やろう。

우리 헤어지자. (ウリ ヘ オ ヂ ヂャ)　僕たち別れよう。

포인트해설 ## 誘うときの表現

「〜しよう」と親しい相手を誘うときの表現は、動詞の語幹に자をつけます。目上の人などを「〜しましょう」と、ていねいに誘うときは자を使わず 아/어形 ＋요で終わる文にします。

한번 같이 식사 하자.　一度一緒に食事をしよう。

나하고 서울에 살자.　私とソウルに住もう。

한걸음더 「〜しに行く」というようなときの目的を表す「〜しに」は、動詞の語幹に러をつけます。語幹の最後にパッチムがある場合は、으러になります。

영화 보러 가자.　映画を見に行こう。

우리 집에 밥 먹으러 와요.　うちにご飯を食べに来てください。

📝 기억하자

- 一杯、お酒を飲むこと - 한잔 [한盞]
- カカオトーク - 카카오톡, 카톡
- 学ぶ - 배우다
- 自撮り - 셀카
- 2人で - 둘이서
- 一度 - 한번 [한番]
- 歩いていく - 걸어가다

연습 문제

1. 韓国語を書いて文章を完成させましょう。

① カカオトークしよう。　카톡 하(　　).

② 韓国語を学びにソウルに行きたいです。
한국어를 배우(　　) 서울에 가고 싶어요.

③ 一緒に自撮りしよう。　같이 셀카 찍(　　).

---

2. 音声を聞いて (　　　) に言葉を入れましょう。🔊 45-2

① 우리 결혼하(　　)!　僕たち結婚しよう。

② 뭐 하(　　) 왔어요?　何しに来たのですか。

③ 이번 콘서트에 같이 가(　　).
今度のコンサートに一緒に行こう。

)))🎧 **와! 들리네!** 🔊 45-3

오늘 저녁 나하고 둘이서 먹자.
今日の夕食わたしと2人で食べよう。

[答え]
1. ❶카톡 하(자). ❷한국어를 배우(러) 서울에 가고 싶어요. ❸같이 셀카 찍(자).
2. ❶우리 결혼하(자)! ❷뭐 하(러) 왔어요? ❸이번 콘서트에 같이 가(자).

꿀잼포인트

語幹＋지 마세요
チ　マ　セ　ヨ

첫걸음 🔊) 46-1

ヨ　ギ　ソ　サ ヂン ッチクチ　マ　セ　ヨ

여기서 사진 찍지 마세요.
ここで写真を撮らないでください。

タム ベ　ピ ウ ヂ　マ　セ　ヨ

담배 피우지 마세요.
たばこを吸ってはいけません。

포인트해설 ## 禁止する表現

「～しないでください」「～してはいけません」とていねいに禁止する表現は、動詞の語幹に지 마세요をつけます。

거짓말 하지 마세요.　うそを言わないでください。

소문을 그대로 믿지 마세요.　うわさをそのまま信じてはいけません。

한걸음 더

「～するな」「～しないで」とタメ口で言う場合は、動詞の語幹に지 마をつけます。

농담 하지 마.　冗談言うな。

약을 함부로 먹지 마.　薬をやたらに飲むな。

📝 기억하자

- そのまま − 그대로　　● むやみに、やたらと − 함부로　　● 心配する − 걱정하다
- 爆弾酒（ビールにウイスキーや焼酎を混ぜたもの） − 폭탄주 [爆弾酒]
- 浮気する − 바람(을) 피우다　● 笑わせる、ふざける − 웃기다　● 永遠に − 영원히 [永遠히]

1. 韓国語を書いて文章を完成させましょう。

❶ 心配しないでください。

걱정하(　　) (　　　　　　).

❷ 泣かないで。　 울(　　) (　　).

❸ 爆弾酒はたくさん飲まないでください。

폭탄주는 많이 마시(　　) (　　　　　　).

---

2. 音声を聞いて (　　　　) に言葉を入れましょう。 ◀) 46-2

❶ 바람 피우(　　) (　　). 浮気しないで。

❷ 웃기(　　) (　　). ふざけるな。

❸ 사람을 함부로 믿(　　) (　　　　　).
人をむやみに信じないでください。

))🎧 와! 들리네! ◀) 46-3

나를 영원히 잊지 마세요.
私を永遠に忘れないでください。

[答え]

1. ❶걱정하(지) (마세요). ❷울(지) (마). ❸폭탄주는 많이 마시(지) (마세요).
2. ❶바람 피우(지) (마). ❷웃기(지) (마). ❸사람을 함부로 믿(지) (마세요).

꿀잼포인트

語幹＋잖아요

チャ　ナ　ヨ

첫걸음　🔊 47-1

ネ ニョ ネ　クン デ エ　カ ヂャ ナ ヨ
내년에 군대에 가잖아요.
来年軍隊に行くじゃないですか。

ネ ガ　イッ チャ ナ ヨ
내가 있잖아요.
私がいるじゃないですか。

포인트해설　## 確認する表現

相手も知っていそうなことを「～じゃないですか」と思い出させたり、確かめたりする場合は、動詞や形容詞などの語幹に잖아요をつけます。「友達じゃないですか」のように、名詞にもつきますが、名詞の最後の文字にパッチムがある場合は、이잖아요となります。

선배는 많이 먹잖아요.　先輩はたくさん食べるじゃないですか。

아직 학생이잖아요.　まだ学生じゃないですか。

「～したじゃないですか」と過去のことを言う場合は、動詞や形容詞などの아/어形に ㅆ잖아요をつけます。名詞の場合は이었잖아요となります。

김포공항에서 만났잖아요.　キンポ空港で会ったじゃないですか。

📋 기 억 하 자

● キンポ空港 - 김포공항【金浦空港】
● （ネットの）口コミ、コメント - 댓글
● 前に - 전에【前に】　　● 通り - 거리
● 常識がない - 개념이 없다【概念이 없다】
● いっぱい - 많다　　● 昔 - 옛날
● 思い出す - 기억나다【記憶나다】

연습 문제

1. 韓国語を書いて文章を完成させましょう。

❶ 常識がないじゃないですか。

개념이 없(　　　　　).

❷ 口コミがよくないじゃないですか。

댓글이 안 좋(　　　　　).

❸ さっき言ったじゃないですか。

아까 말했(　　　　　).

---

2. 音声を聞いて(　　　　)に言葉を入れましょう。 ◀)) 47-2

❶ 그 집은 항상 손님이 많(　　　　　).
その食堂はいつも人がいっぱいじゃないですか。

❷ 옛날에 같이 갔(　　　　　).
昔一緒に行ったじゃないですか。

❸ 좀 전에 거리에서 봤(　　　　　).
ちょっと前に通りで見たじゃないですか。

))) 와! 들리네! ◀)) 47-3

우리 약속했잖아요. 기억 안 나요?
私たち約束したじゃないですか。思い出しませんか。

[答え]

1. ❶개념이 없(잖아요). ❷댓글이 안 좋(잖아요). ❸아까 말했(잖아요).
2. ❶그 집은 항상 손님이 많(잖아요). ❷옛날에 같이 갔(잖아요).
❸좀 전에 거리에서 봤(잖아요).

121

테마별로 배워 보자

ビューティー 뷰티 🔊 47-4

スキンケア　ス킨케어	化粧水　스킨 ／ 토너
乳液　로션	美容液　앰플 ／ 세럼
クリーム　크림	シートパック　마스크팩
せっけん　비누	洗顔料　세안제
洗顔料、メイク落とし　클렌징 폼	日焼け止め　선크림
下地　메이크업베이스	メイク　화장
ファンデーション　파운데이션	アイシャドウ　아이섀도우
アイライナー　아이라이너	マスカラ　마스카라
アイブロウ　아이브로우	リップスティック　립스틱
リップグロス　립글로스	リップバーム　립밤
リップティント　틴트	チーク　블러셔 ／ 치크 ／ 볼터치

ハンドクリーム　핸드크림

美白　미백

香水　향수

マニキュア　매니큐어

ネイルサロン　네일샵

ジェルネイル　젤네일

ヘアサロン　헤어샵／미용실

カット　커트／컷

カラー　염색

パーマ　펌／파마

エステ　피부관리(실)

マッサージ　마사지

パック　팩

UNIT 48
....
変則活用の
動詞・形容詞①

꿀잼포인트

リウル
ㄹ 語幹

첫걸음　◀)) 48-1

　イ　　ノ　レ　ヌン　チャル　アム　ニ　ダ
이 노래는 잘 압니다.
この歌はよく知っています。

　ヌ　　ガ　　マン　ドゥショッ　ソ　ヨ
누가 만드셨어요?　誰が作られたのですか。

포인트해설　語幹がㄹで終わる言葉

　語幹がㄹで終わる動詞や形容詞をㄹ語幹と言います。ㄹ語幹は、ㅂ니다の形や敬語にするときに、まずㄹがなくなってから、活用します。知っています

　　　　　　　　　　ㄹがなくなる
알다(知る)　　　**아** ＋ ㅂ니다　　**압**니다. 知っています
만들다(作る)　　**만드** ＋ 세요　　**만드**세요. 作られます

「～れば」「～たら」と仮定を表す면は、語幹の最後にパッチムがある場合は으면となりますが、ㄹ語幹の場合は、語幹にそのまま면をつけます。

놀다(遊ぶ)　놀면 안 돼요.　遊んだらだめですよ。

멀다(遠い)　너무 멀면 안 가요. あまりにも遠ければ行きません。

📝 기 억 하 자

● どうやって - 어떻게　　● ～と - 랑　　● 年齢 - 나이　　● 主役　주인공 [主人公]

よく使うㄹ語幹

● 生きる、住む - 살다　　● 売る - 팔다　　● 押す - 밀다　　● 開く - 열다
● 甘い - 달다　　● 長い - 길다　　● 大変だ、きつい - 힘들다

124

1. 韓国語を書いて文章を完成させましょう。

❶ これどうやって作るんですか。

이거 어떻게 (　　　　　　　　　)?

❷ ソウルのどちらにお住まいですか。

서울 어디 (　　　　　　)?

❸ これだけ知っていればいいです。

이거만 알(　　) 돼요.

---

2. 音声を聞いて (　　　) に言葉を入れましょう。 🔊) 48-2

❶ 저 남자랑 (　　　　) 안 돼요.
あの男と遊んではいけません。

❷ 내 나이를 어떻게 (　　　　　　)?
私の年齢をどうして知っているんですか。

❸ 이 화장품도 (　　　　　　)?
この化粧品も売ってらっしゃいますか。

))) 👂 **와! 들리네!** 🔊) 48-3

이 드라마 주인공 이름을 아세요?
このドラマの主役の名前をご存じですか。

[答え]

1. ❶이거 어떻게 (만들어요/만듭니까)?　❷서울 어디 (사세요/삽니까)?
❸이거만 알(면) 돼요.

2. ❶저 남자랑 (놀면) 안 돼요.　❷내 나이를 어떻게 (아세요)?
❸이 화장품도 (파세요)?

꿀잼포인트

ヒウッ
ㅎ変則

첫걸음 🔊) **49-1**

ナム ヂャ ドゥルン タ ク レ ヨ
남자들은 다 그래요. 男はみなそうですよ。

キ ブ ニ オット セ ヨ
기분이 어떠세요? ご気分はいかがですか。

포인트해설 ## 語幹が ㅎ で終わる言葉

　語幹が ㅎ で終わる形容詞などは ㅎ 変則と言って特殊なルールで活用します。 ㅎ 変則は、まず ㅎ がなくなり、 아/어形 のときは最後の母音が ㅐ となります。敬語になるときや、면 がつくときは、語幹の最後の母音が ㅣ となります。

아/어形	그렇다(そうだ)	그래	그래요. そうです	
敬語	어떻다(どうだ)	어떠	어떠세요?／어떠십니까? いかがですか	
면(仮定)	이렇다(こうだ)	이러	이러면 こうなら	

한걸음 더　語幹の最後が ㅎ で終わっていても、좋다(いい)のように ㅎ 変則でないものもあります。また、많다(多い)や 괜찮다(大丈夫だ)のように語幹の最後のパッチムの１つが ㅎ の単語も、ㅎ 変則の活用はしません。

 기 억 하 자

よく使うㅎ変則
- どうだ、どんなだ－어떻다　• そうだ、そうする－그렇다　• こうだ、こうする－이렇다
- ああだ、ああする－저렇다　• ちょうど、ほんの－딱　　• 青い－파랗다
- 赤い－빨갛다

1. 韓国語を書いて文章を完成させましょう。

❶ 그렇습니까。　그( )요?

❷ そうやったらだめですよ。　그( )면 안 돼요.

❸ 私たちの国の食事いかがですか。
우리 나라 음식 ( )?

---

2. 音声を聞いて( )に言葉を入れましょう。 🔊 **49-2**

❶ 딱 한잔만 ( )?　ほんの一杯だけどうですか。

❷ 왜 ( )?　なぜこんなことをなさるのですか。

❸ 얼굴이 ( ). 괜찮아요?
顔が青いですよ。大丈夫ですか。

))) 👂 와! 들리네! 🔊 **49-3**

저기 저 남자 어때요?
あそこのあの男性どうですか。

[答え]

1. ❶그(래)요?　❷그(러)면 안 돼요.　❸우리 나라 음식 (어떠세요/어떠십니까)?
2. ❶딱 한잔만 (어때요)?　❷왜 (이러세요)?　❸얼굴이 (파래요). 괜찮아요?

127

꿀잼포인트

ピウプ
ㅂ変則

첫걸음 🔊》 50-1

ヨン オ ヌン　チンッチャ　オ リョ ウォ ヨ
영어는 진짜 어려워요.
英語は本当に難しいです。

オ デェヌン　ナルッシ ガ　チュウォッ ソ ヨ
어제는 날씨가 추웠어요.
昨日は天気が寒かったです。

포인트해설　## 語幹がㅂで終わる形容詞

　語幹の最後がㅂで終わっている形容詞などの一部にㅂ変則という活用をするものがあります。ㅂ変則の特徴は、아/어形になるときに、ㅂがなくなり、워がつきます。
　（「〜です／〜ます」になるときは、普通に語幹に습니다がつきます。）

	ㅂがなくなる		아/어形		
어렵다(難しい)	어려	→	어려워	어려워요. 難しいです
고맙다(ありがたい)	고마	→	고마워	고마워요. ありがたいです
【過去形】쉽다(簡単だ)	쉬	→	쉬워	쉬웠어요. 簡単でした

한 걸음 더　ㅂ変則の形容詞が敬語になったり、仮定の면がつく場合は、ㅂがとれて우がつきます。そのうえで、세요や면などの語尾がつきます。

맵다(からい)　매우면　からければ

아름답다(美しい)　아름다우세요　お美しいです

📝 기 억 하 자

● 声 - 목소리　　● 発音 - 발음【発音】　　● 元彼女 - 전 여친【前女親】

よく使うㅂ変則　● うれしい - 반갑다　● 暑い - 덥다　● 怖い - 무섭다　● 近い - 가깝다

1. 韓国語を書いて文章を完成させましょう。

❶ お会いできてうれしいです。　만나서 반가(　　)요.

❷ あまりにもからかったら食べないでください。
너무 매(　　)면 먹지 마세요.

❸ 声が本当にお美しいです。
목소리가 참 아름다(　　)세요.

---

2. 音声を聞いて（　　　）に言葉を入れましょう。 🔊 50-2

❶ 한국어는 발음이 (　　　　　　　).
韓国語は発音が難しいです。

❷ 추(　　)시면 이거 입으세요.
お寒いようであればこれを着てください。

❸ 안 더(　　)세요?　お暑くないですか。

))🎧 **와! 들리네!** 🔊 50-3

전여친이 진짜 무서웠어요?
元彼女が本当に怖かったですか。

[答え]

1. ❶만나서 반가(워)요.　❷너무 매(우)면 먹지 마세요.　❸목소리가 참 아름다(우)세요.
2. ❶한국어는 발음이 (어려워요).　❷추(우)시면 이거 입으세요.　❸안 더(우)세요?

^ウ으語幹

첫걸음 ◀)) 51-1

サイヅガ　チョム　コ　ヨ
사이즈가 좀 커요. サイズが少し大きいです。

モ　リ　ガ　ア　パ　ヨ
머리가 아파요. 頭が痛いです。

포인트해설 ──母音で終わる語幹

語幹が母音の ── で終わっている動詞や形容詞を 으語幹と言います。으語幹の動詞や形容詞を 아/어形 にする方法は次の３パターンです。

語幹が１文字の場合

①**母音── をとって、ㅓをつける。**

　　　　　　　　　　─がなくなる　　　　아/어形
　　　크다(大きい)　ㅋ ＋ ㅓ → 커　　　　커요. 大きいです

語幹が２文字以上の場合

②**母音── の前の母音が ──か ㅏ ⇒ 母音──をとって ㅏをつける。**

　　　　　　　　　　　─がなくなる　　　　아/어形
　　　아프다(痛い)　아ㅍ ＋ ㅏ → 아파　　　아파요. 痛いです

③**母音── の前の母音が ──か ㅏ 以外 ⇒ 母音── をとって ㅓをつける。**

　　　　　　　　　　　　　　─がなくなる　　　　아/어形
　　　기쁘다(うれしい)　기ㅃ ＋ ㅓ → 기뻐　　　기뻐요. うれしいです

한 걸음 더

語幹が ── 母音で終わっても ㄹ の場合は、ㄹ変則という別の活用です(UNIT52参照)。

よく使う으語幹

● 忙しい ─ 바쁘다　　● かわいい、きれいだ ─ 예쁘다　　● 悪い ─ 나쁘다

● 悲しい ─ 슬프다　　● (おなかが)すく ─ 고프다　　● 書く、使う ─ 쓰다

기 억 하 자

● そんなに ─ 그렇게　　　　● 漢字 ─ 한자[漢字]　　　　● 世、世の中 ─ 세상[世上]

연습 문제

1. 韓国語を書いて文章を完成させましょう。

① 最近ものすごく忙しいです。　요즘 무척 바(　　)요.

② 何がそんなにうれしいのですか。
뭐가 그렇게 기(　　)요?

③ 名前を漢字で書けません。
이름을 한자로 못 (　　　　).

---

2. 音声を聞いて (　　　　) に言葉を入れましょう。 🔊 51-2

① 이 세상에서 누가 제일 (　　　　　　)?
この世で誰が一番きれいですか。

② 왜 그렇게 기분이 (　　　　　)?
なぜそんなに気分が悪いんですか。

③ 그 드라마는 너무 (　　　　　).
そのドラマはあまりに悲しいです。

))) 👂　**와! 들리네!**　🔊 51-3

오빠가 행복하면 저도 기뻐요.
オッパが幸せなら私もうれしいです。

[答え]

1. ❶요즘 무척 바(빠)요. ❷뭐가 그렇게 기(뻐)요? ❸이름을 한자로 못 (써요).
2. ❶이 세상에서 누가 제일 (예뻐요)? ❷왜 그렇게 기분이 (나빠요)?
❸그 드라마는 너무 (슬퍼요).

ル

르変則

첫걸음 🔊 52-1

イ ポン トゥ オ ヌン プ ニ ギ ガ チョム タル ラ ラ ヨ

이번 투어는 분위기가 좀 달라요.
今回のツアーは雰囲気がちょっと違います。

チョ ヌン チョ ニョ モル ラ ヨ

저는 전혀 몰라요. 私はまったく知りません。

포인트해설 ## 르で終わる語幹

語幹が르で終わる動詞や形容詞の活用を르変則と言います。르変則の아/어形 は、まず르がなくなり、르の直前の母音の形によって ㄹ라 か ㄹ러 がつきます。

①르の直前の母音が ㅗ か ㅏ

		르がなくなる			아/어形		
모르다(知らない)		모	+	ㄹ라	→	몰라	몰라요. 知りません
다르다(異なる)		다	+	ㄹ라	→	달라	달라요. 異なります

②르の直前の母音が ㅗ ㅏ 以外

		르がなくなる			아/어形		
이르다(早い)		이	+	ㄹ러	→	일러	일러요. 早いです

르変則は 아/어形 以外は、他の動詞や形容詞と同じ活用方法で表現できます。

한 걸음 더 | よく使う르変則

● 乾く、渇く - 마르다　● 速い - 빠르다　● 選ぶ - 고르다　● 切る - 자르다

기 억 하 자

● のど - 목　● ～のうち、～中 - 중[中]　● ～のために - ~때문에　● 頭、髪 - 머리

1. 韓国語を書いて文章を完成させましょう。

① のどが渇いています。　목이 말(　　)요.

② まだ時間が早いです。　아직 시간이 일(　　)요.

③ 地下鉄よりもタクシーがずっと速いです。

　　지하철보다 택시가 훨씬 빨(　　)요.

---

2. 音声を聞いて (　　　　) に言葉を入れましょう。🔊 52-2

① 둘 중 한 명만 (　　　　　)요.
2人のうち1人だけ選びなさい。

② 전남친하고는 뭐가 (　　　　　　)?
元彼とは何が違うのですか。

③ 그 남자 때문에 머리를 (　　　　)어요?
彼のせいで髪を切ったのですか。

))) 👂 와! 들리네!　🔊 52-3

그룹 해체 이유를 몰라요.
グループ解散の理由を知りません。

[答え]

1. ❶목이 말(라)요. ❷아직 시간이 일(러)요. ❸지하철보다 택시가 훨씬 빨(라)요.
2. ❶둘 중 한 명만 (골라)요. ❷전남친하고는 뭐가 (달라요)?
❸그 남자 때문에 머리를 (잘랐)어요?

133

ティグ
ㄷ変則

첫걸음　◀ッ 53-1

チョンチョ ニ　コ ロ ヨ
천천히 걸어요.　ゆっくり歩きましょう。

チェ マル ド トゥル セ ヨ
제 말도 들으세요.　私の言葉も聞いてください。

포인트해설　語幹の最後がㄷで終わる動詞

　語幹の最後がㄷで終わる動詞の一部が、ㄷ変則という活用をします。아/어形や敬語にしたり、면がつくときなどに、パッチムのㄷがㄹに変化します。よく使われる単語は、듣다（聞く、聴く）、묻다（たずねる）、걷다（歩く）の3つの動詞です。

아/어形

		아/어形		
듣다(聞く、聴く)	→	들어	→	들어요. 聞きます
묻다(たずねる)	→	물어	→	물어요. たずねます
(敬語) 걷다(歩く)		걸	→	걸으세요. 歩かれます
(仮定) 묻다(たずねる)		묻	→	물으면　たずねたら

한걸음더　받다（もらう）のように、語幹の最後にㄷがあってもㄷ変則しない単語もあります。ㄷ変則の動詞も아/어形や敬語、仮定などでなければ普通に活用します。

걷습니다　歩きます　　묻지 마세요　たずねないでください

🗒 기억하자

● それ以上 – 더 이상【더 以上】　　　● 1日 – 하루　　● 〜ずつ – 씩

● ぜひ、きっと – 꼭　● 新曲 – 신곡【新曲】　　● 最近 – 요새

연습 문제

1. 韓国語を書いて文章を完成させましょう。

❶ 私の話を聞いていますか。

　내 이야기를 (　　)고 있어요?

❷ ここから歩けばいいですよ。

　여기서 (　　)으면 돼요.

❸ それ以上たずねたらだめです。

　더이상 (　　)으면 안 돼요.

---

2. 音声を聞いて (　　) に言葉を入れましょう。 🔊》53-2

❶ 하루에 한 시간씩 (　　　　　)요.
   1日に1時間ずつ歩いてください。

❷ 이유를 (　　)고 싶어요.　理由をたずねたいです。

❸ 꼭 이 신곡을 들(　　)요.　ぜひこの新曲を聴いてください。

》🎧 **와! 들리네!** 🔊》53-3

요새 어떤 가수 노래를 들어요?
最近どんな歌手の曲を聴いていますか？

[答え]

1. ❶내 이야기를 (듣)고 있어요? ❷여기서 (걸)으면 돼요.
❸더이상 (물)으면 안 돼요.
2. ❶하루에 한 시간씩 (걸으세)요. ❷이유를 (묻)고 싶어요.
❸꼭 이 신곡을 들(어)요.

135

꿀잼포인트

아/어形 ＋ 서
ソ

첫걸음 🔊) 54-1

ヌ ヂョ ソ ミ ア ネ ヨ
늦어서 미안해요. 遅れてすみません。

ヨ ギ アン ヂャ ソ イ ヤ ギ ヘ ヨ
여기 앉아서 이야기해요.
ここに座って話をしましょう。

포인트해설 **理由や前提の動作を表現**

「〜して」「〜なので」と理由や原因、前提を表すときは、아/어形に서をつけます。「休日なので」のように名詞の場合は、名詞に이어서や이라서がつき、直前にパッチムがなければ여서、라서となります。会話では이어서より이라서がよく使われます。

> 없다(ない)　　시간이 없어서 못 해요. 時間がなくてできません。
>
> 일요일(日曜日)　일요일이라서 문을 닫아요. 日曜日なので閉まっています。

한걸음더

「〜して」という表現は、UNIT42で고と学びましたが、서は「〜して（それで）」と、次にする動作の前提や理由、原因を説明するニュアンスがあります。

> 준비하다(準備する)　준비해서 갔어요. 準備して（から）行きました。
>
> 사다(買う)　　　　　사서 먹어요. 買って食べます。

📝 기 억 하 자

- 店を閉める、門を閉める - 문을 닫다
- おなかがいっぱいだ - 배가 부르다
- 酔う - 취하다 [醉하다]
- まっすぐ - 똑바로
- 寝坊する - 늦잠을 자다
- 遅刻する - 지각하다 [遲刻하다]

1 . 韓国語を書いて文章を完成させましょう。

❶ 車がないので行けません。

차가 없어(　　) 못 가요.

❷ 食べすぎておなかがいっぱいです。

너무 많이 먹(　　　) 배가 불러요.

❸ 酔ってまっすぐ歩けません。

취해(　　) 똑바로 못 걸어요.

---

2 . 音声を聞いて(　　　)に言葉を入れましょう。🔊) 54-2

❶ 생일이(　　　　) 선물 받았어요.
誕生日なのでプレゼントをもらいました。

❷ 그 여자가 싫어(　　) 보고 싶지 않아요.
その女性が嫌いなので会いたくありません。

❸ 늦잠을 자(　　) 지각했어요.　寝坊して遅刻しました。

)))👂 와! 들리네! 🔊) 54-3

너무 슬퍼서 눈물이 나왔어요.
あまりにも悲しくて涙が出ました。

[答え]
1 . ❶차가 없어(서) 못 가요. ❷너무 많이 먹(어서) 배가 불러요.
❸취해(서) 똑바로 못 걸어요.
2 . ❶생일이(라서) 선물 받았어요. ❷그 여자가 싫어(서) 보고 싶지 않아요.
❸늦잠을 자(서) 지각했어요.

꿀잼포인트

아/어形 ＋ 도 되다
ド デ ダ

첫걸음 🔊 **55-1**

동영상을 올려도 됩니까?
トン ヨン サン ウル オル リョ ド デム ニ ッカ

動画をアップしてもいいですか。

곁에 있어도 돼요?
キョッテ イッ ソ ド デ ヨ

そばにいてもいいですか。

포인트해설 # 許可する表現

　「～してもいい」と許可する表現は、動詞や形容詞などの 아/어形 に도をつけ、「～しても」という形にし、その後に되다（いい）をつけます。名詞の場合は라도 되다や여도 되다という形になります。その場合、名詞の最後にパッチムがあれば、이라도 되다、이어도 되다になります。

> 술을 마셔도 돼요. お酒を飲んでもいいですよ。

> 숙제를 안 해도 됩니까? 宿題をしなくてもいいですか。

한 걸음 더

되다の代わりに괜찮다にしても、意味はほとんど変わりません。

> 악수해도 괜찮아요? 握手してもかまいませんか。

> 나라도 괜찮아요? 私でもいいですか。

📒 기 억 하 자

- 握手する - 악수하다【握手하다】
- YouTube - 유튜브【you tube】
- このまま - 이대로
- 上げる、アップする - 올리다

연습 문제

1. 韓国語を書いて文章を完成させましょう。

❶ ここに座ってもいいですか。 여기 앉아(　　) 돼요?

❷ たばこを吸ってもいいですか。

담배를 피워(　　) 됩니까?

❸ 写真を撮ってもいいですか。 사진을 (　　　　) 돼요?

---

2. 音声を聞いて(　　　　)に言葉を入れましょう。 🔊 55-2

❶ 너무 기뻐서 이대로 죽어(　　) 괜찮아요.
うれしすぎてこのまま死んでもかまいません。

❷ 병원에 안 가도 (　　　　　　).
病院に行かなくてもいいですよ。

❸ 유튜브에 올려도 (　　　　).
YouTubeにアップしてもいいです。

와! 들리네!　🔊 55-3

울고 싶으면 울어도 돼요.
泣きたければ、泣いてもいいですよ。

[答え]

1. ❶여기 앉아(도) 돼요? ❷담배를 피워(도) 됩니까? ❸사진을 (찍어도) 돼요?

2. ❶너무 기뻐서 이대로 죽어(도) 괜찮아요. ❷병원에 안 가도 (됩니다).

❸유튜브에 올려도 (돼요).

꿀잼포인트

아/어形 + 야 되다
ヤ デ ダ

첫걸음 🔊 56-1

미리 예매해야 됩니다.
ミ リ イェ メ ヘ ヤ デム ニ ダ
事前に購入しなければいけません。

데뷔까지 오래 준비 해야 돼요.
テ ブィッカ ヂ オ レ ヂュンビ ヘ ヤ デ ヨ
デビューまで長い間準備しなければなりません。

포인트해설　義務や条件の表現

「～しなければならない」という表現は、動詞や形容詞などの 아/어形 に 야 되다 をつけます。「女子学生でなければならない」のように名詞の場合は、 여도 되다 になり、最後にパッチムがあれば 이어야 되다 になります。

> 시간을 지켜야 돼요. 　時間を守らなければなりません。

> 어디에 가야 됩니까? 　どこに行かなければなりませんか。

> 여학생이어야 돼요. 　女子学生でなければなりません。

한 걸음 더　後ろの部分を 되다 の代わりに 하다 にしても、意味はほとんど変わりません。

> 약을 먹어야 해요. 　薬を飲まなければなりません。

 기 억 하 자

- 加入する、入る－가입하다【加入하다】　　● 努力する－노력하다【努力하다】
- 現金－현금【現金】　● 支払う－지불하다【支払하다】　● 率直に、正直に－솔직하게【率直하게】
- 告白する－고백하다【告白하다】　　● 男子学生－남학생【男学生】

연습 문제

1. 韓国語を書いて文章を完成させましょう。

① タクシーに乗らなければなりません。

택시를 타(　　) 돼요.

② ファンクラブに入らなければいけませんか。

팬클럽에 가입해(　　) 됩니까?

③ 一生懸命努力しなければいけません。

열심히 (　　　　　　) 돼요.

---

2. 音声を聞いて (　　　　) に言葉を入れましょう。 🔊 56-2

① 현금으로 지불(　　　　) 됩니다.
現金で支払わなければなりません。

② 왜 헤어져(　　) 해요?　なぜ別れなければならないのですか。

③ 솔직하게 다 고백(　　　　) 돼요.
正直にすべて告白しなければなりません。

))🎧 **와! 들리네!** 🔊 56-3

난 오빠를 포기해야 돼요.
私はオッパをあきらめなければなりません。

[答え]

1. ①택시를 타(야) 돼요.　②팬클럽에 가입해(야) 됩니까?
③열심히 (노력해야) 돼요.

2. ①현금으로 지불(해야) 됩니다.　②왜 헤어져(야) 해요?
③솔직하게 다 고백(해야) 돼요.

꿀잼포인트

아/어形 ＋ 보다
ポ　ダ

첫걸음 🔊 57-1

タ　シ　センガ　ケ　ポ　セ　ヨ
다시 생각해 보세요.
もう一度考えてみてください。

サ　イン　ヘ　ヂュ　セ　ヨ
사인 해 주세요. サインしてください。

포인트해설 「〜してみる」という表現

「〜してみる」と、試したり、とりあえずやってみることを表す文は、動詞の 아/어形 に 보다（見る）を続けます。

> 이 술을 마셔 봐요. このお酒を飲んでみてください。

> 파출소에서 물어 보세요. 交番でたずねてみてください。

보다 の代わりに「くれる、あげる」という意味の 주다 を続けると、「〜してくれる、〜してあげる」という意味になります。

> 홍대역에 가 주세요. ホンデ駅に行ってください。

> 가르쳐 주세요. 教えてください。

📝 기억하자

- 見せる－보이다
- 真実－진실 [真実]
- つきあう－사귀다
- ぎゅっと－꽉
- 抱く－안다
- 練習する－연습하다 [練習하다]

연습 문제

1. 韓国語を書いて文章を完成させましょう。

① 私にも見せてください。　나한테도 보여 주(　　)요.

② 真実を話してください。

진실을 말해 (　　　　　).

③ 今度のアルバムを聴いてみましたか。

이번 앨범을 들어 (　　　　)?

---

2. 音声を聞いて (　　　　) に言葉を入れましょう。 🔊 57-2

① 그 사람하고 사귀어 (　　　　　　).
その人とつきあってみてください。

② 내 말 믿어 (　　　　　　).　僕の言葉を信じてください。

③ 이 옷을 입어 (　　　　) 돼요?
この服を着てみてもいいですか。

🔊 **와! 들리네!** 🔊 57-3

나를 꽉 안아 주세요.
私をぎゅっと抱いてください。

[答え]
1. ❶나한테도 보여 주(세)요. ❷진실을 말해 (주세요).
❸이번 앨범을 들어 (봤어요/봤습니까)?
2. ❶그 사람하고 사귀어 (보세요). ❷내 말 믿어 (주세요).
❸이 옷을 입어 (봐도) 돼요?

꿀잼포인트

語幹＋ ㄹ 거예요
<small>ル コ エ ヨ</small>

첫걸음　🔊 58-1

내일 어디 갈 거예요?
<small>ネ イル オ ディ ガル コ エ ヨ</small>
明日どこに行くつもりですか。

오후에 비가 올 거예요.
<small>オ フ エ ピ ガ オル コ エ ヨ</small>
午後に雨が降るでしょう。

포인트해설　未来の意志や推量

「〜するでしょう」や「〜すると思います」のように未来のことは、動詞や形容詞の語幹に ㄹ 거예요をつけます。語幹の最後にパッチムがある場合は을 거예요になります。また、ㄹ語幹の場合は、ㄹをとって、ㄹ 거예요をつけます。

새 멤버를 소개할 거예요.　新しいメンバーを紹介すると思います。

뭘 먹을 거예요?　何を食べるつもりですか。

한 걸음 더

本人が自分の行動について話す場合は基本的に意志になります。その際には、ㄹ 게요/을 게요という形になることもあります。

컴백을 기다릴게요.　新曲発表を待っています。

📝 기억하자

● 掃除する - 청소하다 [清掃하다]　　● これから、今後 - 앞으로

● 出す、払う - 내다　● いつまでも - 언제까지나　　● 後で - 이따가

1. 韓国語を書いて文章を完成させましょう。

❶ 誰が掃除をするつもりですか。

누가 청소할 (　　　　　　)?

❷ これからも韓国語を一生懸命勉強します。

앞으로도 한국어를 열심히 (　　　　　　　　　).

❸ 明日は今日よりもいいでしょう。

내일은 오늘보다 좋을 (　　　　　).

---

2. 音声を聞いて (　　　) に言葉を入れましょう。 🔊 58-2

❶ 남성 팬은 없을 (　　　　　).
男性のファンはいなそうです。

❷ 오늘은 제가 (　　　　　). 今日は私が払います。

❸ 올해는 꼭 남친을 만들 (　　　　　).
今年は必ず彼氏を作るつもりです。

))🦻 **와! 들리네!** 🔊 58-3

오빠를 언제까지나 기다릴게요.
オッパをいつまでも待っています。

[答え]

1. ❶누가 청소할 (거예요)? ❷앞으로도 한국어를 열심히 (공부할게요).
❸내일은 오늘보다 좋을 (거예요).
2. ❶남성 팬은 없을 (거예요). ❷오늘은 제가 (낼게요).
❸올해는 꼭 남친을 만들 (거예요).

꿀잼포인트

語幹＋ ㄴ/은
ン　ウン

첫걸음　🔊 59-1

チョ ウン　サ ラム　オ ディ　オプ ソ ヨ
좋은 사람 어디 없어요?
いい人どこかにいませんか。

スル プン　ノ　レ ルル　トゥッ コ　シ ポ ヨ
슬픈 노래를 듣고 싶어요.
悲しい歌を聴きたいです。

포인트해설　## 形容詞の連体形

　形容詞は「いい人」、「悲しい歌」のように後ろに続く名詞を説明する形にもなります。この形を「連体形」と言い、語幹に ㄴ をつけますが、パッチムがあれば 은 をつけます。

많다(多い)　　많은 팬들이 왔어요.　　多くのファンが来ました。

한 걸음 더　特殊な形容詞は次のように活用します。

ㅂ変則　語幹から ㅂ をとって 운 をつける
어렵다(難しい)　⇒ 어려운 문제(難しい問題)

ㄹ語幹　語幹から ㄹ をとって ㄴ をつける
멀다(遠い)　⇒ 먼 나라　(遠い国)

ㅎ変則　語幹から ㅎ をとって ㄴ をつける
파랗다(青い)　⇒ 파란 새　(青い鳥)

📝 기 억 하 자

● 便り、ニュース－소식 [消息]
● 背が高い－키가 크다
● ラブストーリー－러브스토리 [lovestory]
● 理想のよくあるタイプ－이상형 [理想形]
● 流行っている－유행하다 [流行하다]
● よくある、ありふれた－뻔하다

1. 韓国語を書いて文章を完成させましょう。

① うれしいニュースです。　기(　　　) 소식이에요.

② 近くのコンビニに行きましょう。
가까(　　　) 편의점에 가요.

③ かわいくて静かな女性が理想のタイプです。
예쁘고 조용(　　　) 여자가 이상형이에요.

---

2. 音声を聞いて (　　　　) に言葉を入れましょう。🔊 59-2

① 키가 (　　　) 남자가 좋아요. 背が高い男性がいいです。

② 요즘 (　　　　　) 치마가 유행이에요.
最近短いスカートがはやりです。

③ 매(　　　) 음식을 먹으러 가요.
からい料理を食べに行きましょう。

🔊 **와! 들리네!** 🔊 59-3

돈 많은 남자와 가난한 여자의 뻔한 러브 스토리예요.
金持ちの男と貧しい女性のよくあるラブストーリーです。

[答え]
1. ❶기(쁜) 소식이에요. ❷가까(운) 편의점에 가요.
❸예쁘고 조용 (한) 여자가 이상형이에요.
2. ❶키가 (큰) 남자가 좋아요. ❷요즘 (짧은) 치마가 유행이에요.
❸매(운) 음식을 먹으러 가요.

꿀잼포인트

語幹＋^{ヌン}는

첫걸음 🔊 60-1

^{デ イ トゥ ハ ヌン ヨ ニンドゥリ プ ロ ウォ ヨ}
데이트 하는 연인들이 부러워요.
デートする恋人たちがうらやましいです。

^{マ シン ヌン ゴル サ ヂュルケ ヨ}
맛있는 걸 사 줄게요.
おいしいものをおごってあげますよ。

포인트해설 ## 動詞などの連体形

「泣く子供」や「寝る時間」のように、動詞も連体形になります。動詞の場合は語幹に는をつけます。ㄹ語幹の場合は、ㄹをとって는をつけます。

> 저는 남자 보는 눈이 없어요. 　私は男性を見る目がありません。

> 싫어하는 음식이 뭐예요? 　嫌いな食べ物は何ですか。

한걸음 더

「昨日食事したレストラン」のように過去の場合は語幹にㄴをつけます。語幹の最後にパッチムがあれば은です。ㄹ語幹は、ㄹをとってㄴをつけます。

> 이거 아까 찍은 사진이에요. 　これさっき撮った写真です。

> 제가 만든 케이크를 먹어 봐요. 　私が作ったケーキを食べてみてください。

기억하자

- ケーキ－케이크 [cake] ● 演劇－연극 [演劇] ● 出てくる、現れる－나오다
- 探す－찾다 ● 嫌いだ－싫어하다

1. 韓国語を書いて文章を完成させましょう。

❶ 一番好きな食べ物はサムギョプサルです。

　　제일 좋아하(　　) 음식은 삼겹살이에요.

❷ お酒に酔った人は嫌いです。

　　술에 취(　　) 사람은 싫어요.

❸ 今つきあっている人はいません。

　　지금 (　　　　　　) 사람 없어요.

2. 音声を聞いて (　　　　) に言葉を入れましょう。 ◀⑴ 60-2

❶ 지금 부르(　　) 노래는 몰라요.
今歌っている歌を知りません。

❷ (　　　　　　　) 남친은 좀 이상했어요.
別れた彼氏は少しおかしかったです。

❸ 어제 (　　) 연극 진짜 재미있었어요.
昨日見た演劇とてもおもしろかったです。

))) 👂 **와! 들리네!** ◀⑴ 60-3

꿈에 나온 사람을 지금도 찾고 있어요.
夢に現れた人を今でも探しています。

[答え]

1. ❶제일 좋아하(는) 음식은 삼겹살이에요. ❷술에 취(한) 사람은 싫어요.
　　　　　　　　　　　　　　　　　❸지금 (사귀는) 사람 없어요.
　2. ❶지금 부르(는) 노래는 몰라요. ❷ (헤어진) 남친은 좀 이상했어요.
　　　　　　　　　　　　　　　❸어제 (본) 연극 진짜 재미있었어요.

助詞を覚えよう！

　韓国語の助詞は日本語の助詞とほぼ同じ位置にあるので、基本的に理解しやすいのですが、すぐ前の語にパッチムがあるかないかで形が変わるものもあります。ここでは主な助詞を表にしました。

（パッチム欄が － の場合はパッチムの有無で形が変わりません）

	助詞	パッチム	例文	訳
～は	는	無	저는 일본사람입니다.	私は日本人です。
	은	有	이 학생은 일본사람입니다.	この学生は日本人です。
～が	가	無	제가 비서입니다.	私が秘書です。
	이	有	그 사람이 비서입니다.	その人が秘書です。
～を	를	無	영화를 봅니다.	映画を観ます。
	을	有	사진을 봅니다.	写真を見ます。
～と	와	無	러시아와 미국	ロシアとアメリカ
	과	有	미국과 러시아	アメリカとロシア
	하고 （会話）	－	일본하고 한국	日本と韓国
～で （手段）	로	無	버스로 갑니다.	バスで行きます。
		ㄹ	지하철로 갑니다.	地下鉄で行きます。
	<u>으로</u>	有	유람선<u>으로</u> 갑니다.	遊覧船で行きます。

	助詞	パッチム	例文	訳
～の	의	－	한국의 국기	韓国の国旗
～も	도	－	저도 학생입니다.	私も学生です。
～に	에	－	학교에 갑니다.	学校に行きます。
～に (人)	에게	－	친구에게 보냈어요.	友達に送りました。
	한테 (口語)	－	남동생한테 말했어요.	弟に言いました。
～で (場所)	에서	－	학교에서 공부합니다.	学校で勉強します。
～から (人)	에게서	－	아버지에게서 받았어요.	お父さんからもらいました。
	한테서 (口語)	－	친구한테서 받았어요.	友達からもらいました。
～から (場所)	에서	－	서울에서 왔습니다.	ソウルから来ました。
～から (時間)	부터	－	1시부터 시작합니다.	1時から始めます。
～まで	까지	－	아침까지 일합니다.	朝まで働きます。
～より	보다	－	산보다 바다가 좋아요.	山より海がいいです。
～だけ	만	－	하나만 있습니다.	1つだけあります。

きうち あきら
木内明

1967年静岡県生まれ。
早稲田大学卒業。ソウル大学大学院修了。
東洋大学准教授。
著書に『基礎からわかる韓国語講座』シリーズ（国書刊行会）、
『ステップ30 1か月 速習ハングル』（NHK出版）ほか多数。

韓国語校正	민소라
造本・装幀	金子歩未（TAUPES）
韓国語ナレーター	조영미
日本語ナレーター	西田雅一
音声制作	Language PLUS （HangeulPARK） 高速録音株式会社

かん こく ご
クルジェム韓国語

2020年3月25日 初版第1刷 発行

著 者	木内明
発行者	佐藤今朝夫
発行所	株式会社国書刊行会 〒174-0056 東京都板橋区志村1-13-15 電話 03-5970-7421 ファックス 03-5970-7427 https://www.kokusho.co.jp
印刷	株式会社シーフォース
製本	株式会社ブックアート

乱丁本・落丁本はお取り替えいたします。
ISBN 978-4-336-06606-0